AF467600

ALPHONSE-LOUIS-MARIE

DE PENFENTENYO DE KERVÉRÉGUIN

CHANOINE TITULAIRE DE QUIMPER

CURÉ-ARCHIPRÊTRE DE LA CATHÉDRALE

DE SAINT-CORENTIN

« Scribe : Beati qui in Domino moriuntur,.... opera enim illorum sequuntur illos. »
(APOCAL., XIV, ℣. 13.)

« In memoria æterna erit justus ; ab auditione mala non timebit. »
(PS. 111, ℣. 7.)

QUIMPER
TYPOGRAPHIE ARSÈNE DE KERANGAL
IMPRIMEUR DE L'ÉVÊCHÉ

ALPHONSE-LOUIS-MARIE

DE PENFENTENYO DE KERVÉRÉGUIN

ALPHONSE-LOUIS-MARIE

DE PENFENTENYO DE KERVÉRÉGUIN

CHANOINE TITULAIRE DE QUIMPER

CURÉ-ARCHIPRÊTRE DE LA CATHÉDRALE

DE SAINT-CORENTIN

« Scribe : Beati qui in Domino moriuntur,.... opera enim illorum sequuntur illos. »
(APOCAL., XIV, ℣. 13.)

« In memoria æterna erit justus; ab auditione mala non timebit. »
(PS. 111, ℣. 7.)

QUIMPER

TYPOGRAPHIE ARSÈNE DE KERANGAL

IMPRIMEUR DE L'ÉVÊCHÉ

Il y a quelques semaines, la mort enlevait subitement à l'affection de sa famille, à la vénération de toute une ville, et, on peut le dire, de tout le diocèse de Quimper, un prêtre universellement aimé et respecté : l'abbé de Penfentenyo, chanoine titulaire, curé archiprêtre de la cathédrale.

Ce deuil subit, si vivement ressenti par sa chrétienne famille, a profondément émotionné tous ceux qui ont connu le vertueux et excellent chanoine.

Bien qu'il ait modestement passé dans la carrière sacerdotale, suivant le cours ordinaire de la vie des prêtres, accomplissant son devoir sans bruit et sans éclat, il n'en est pas moins vrai qu'il a exercé une réelle influence, et qu'il laissera des souvenirs plus profonds, et, après lui, un vide plus grand qu'il n'arrive d'habitude. Pourquoi cela ? Tous ont compris et s'accorderont à dire que c'était un caractère, un homme, une figure, en un mot ; un prêtre dont la vie et l'humble sainteté ont fait l'édification de ses confrères, comme son zèle et ses rares qualités mises toujours au service de la gloire de Dieu, ont imposé aux fidèles une vraie admiration, une affection toute mêlée de respect. Si des actes, des faits du genre de ceux qu'on est convenu d'appeler extraordinaires n'abondent pas dans sa vie, si on le trouve constamment dans les sentiers ordinairement battus par tous ; il y marche avec une telle assurance, une telle dignité, une telle grandeur d'âme ; il se donne à son devoir avec une telle force d'une volonté qui ne sait pas défaillir, qu'il est, on peut le dire, un modèle, dont l'exemple est des plus excellents et des plus efficaces.

C'est une vie absolument remplie, dont pas un des instants n'est perdu pour le bien. A coup sûr, le Curé de la cathédrale n'a pas été de ceux qui se trouvent sans réponse à la question du Juge suprême des hommes : Ubi sunt opera tua : *où sont vos œuvres ?*

Il se dégage encore de sa vie un parfum d'édification, il y a sur lui, je ne sais quelle auréole : c'est un homme dont on peut dire qu'une vertu sortait de lui, embaumant ceux qui l'entouraient. Ce fut un prêtre qui refléta la majesté du sacerdoce dans tout ce qu'elle a de puissante dignité : si bien, que si l'on put avoir avec lui toutes les familiarités de l'amitié la plus cordiale, on ne l'approcha jamais qu'avec un pieux respect.

On nous a demandé de rappeler ce qu'il fut. Le faire est, avons-nous pensé, répondre aux désirs, non seulement de sa famille, mais encore des nombreux amis de M. de Penfentenyo. Aussi bien, peut-être trouvera-t-on dans ces pages, le sursum corda *que nous crie son exemple.*

Nous voudrions donc essayer de faire revivre cette figure, de montrer cette vie de prêtre, et surtout cette âme, ce cœur, que d'heureuses circonstances de notre vie nous ont permis de connaître et d'apprécier. Ce sera surtout dans des notes intimes, où il s'épanche tout entier, que nous aurons à aller le saisir.

On nous pardonnera facilement les allures bien simples de ce modeste travail. On voudra bien se rappeler que nous n'avons nullement la prétention d'écrire ici une vie, avec tout l'ordre et toute la solennité d'un livre. C'est une simple biographie destinée à garder, plus vivement, le souvenir d'une figure aimée. C'est, si l'on veut, l'exemple d'un bon prêtre, d'un pasteur, proposé à l'imitation ou à la reconnaissance. C'est surtout un pieux hommage d'affection et de respect déposé sur sa tombe.

ALPHONSE-LOUIS-MARIE

DE PENFENTENYO DE KERVÉRÉGUIN

Alphonse-Louis-Marie de Penfentenyo de Kervéréguin naquit à Quimper en 1825, d'une de ces nobles et patriarcales familles bretonnes dans lesquelles la foi et les convictions sont héréditaires, et qui tiennent à honneur d'unir la noblesse et la grandeur des sentiments chrétiens à la noblesse et à la générosité de la race et du sang. Sa mère, Mlle Henriette de Penandreff de Keranstret, appartenait, comme son père, à la meilleure noblesse bretonne, celle dont on retrouve au loin les origines, et toujours sur le chemin de l'honneur. L'enfant naissait donc et devait grandir dans un milieu où l'on se forme facilement, et comme naturellement, à l'élévation du caractère et des manières, et dans lequel on prend insensiblement cette dignité aimable qui distingua toujours si bien le Curé de la Cathédrale.

Il était le troisième enfant dont Dieu bénissait une union contractée depuis quatre ans. Sa venue en ce monde fut doublement bénie. Quelques mois avant sa naissance, les larmes avaient coulé à ce foyer chrétien. Le premier enfant de M. de Penfentenyo, Louis, venait d'être appelé, tout jeune encore, à prendre place parmi les anges, et Alphonse se trouvait par conséquent destiné à être l'aîné des garçons de la famille. On sait ce que vaut ce titre dans des familles comme celle-ci : et, entre autres choses, sans parler encore du respect qu'on eut toujours pour le caractère sacré de son sacerdoce, ce titre lui valut toujours, je ne sais quel ascendant et quelle autorité sur tous les membres de sa famille.

Vers 1827, M. de Penfentenyo, comme Trésorier des Invalides, fut obligé de se fixer à Brest. Il y demeura jusqu'en 1830. A ce moment, les évènements politiques amenèrent un grand changement dans la position de la famille. M. de Penfentenyo, fidèle à sa foi politique, comme il l'était à sa foi religieuse, se retira dans sa terre de Kervéréguin, en Loc-Tudy, ne songeant plus, en attendant des jours meilleurs, qu'à s'occuper de l'éducation de ses enfants.

Cependant le jeune Alphonse, avec l'aînée de ses sœurs, devait demeurer quelque temps à Quimper, confié à son aïeule maternelle, Madame de Pénandreff de Keranstret, née de Joannis. Ce fut près de cette aïeule vénérée qu'il passa, en compagnie de sa sœur Henriette, sa première jeunesse, reçut les premières leçons et ce qu'on peut appeler la première éducation de sa toute jeune enfance.

Mme de Pénandreff comprenant tout ce qu'ont d'important les premiers germes déposés dans l'âme d'un enfant, s'appliqua, avec ardeur, à développer les heureuses dispositions qu'on remarquait chez son petit-fils. Elle sut, dans plusieurs circonstances, faire tourner à bien la volonté assez ferme, pour ne pas dire obstinée, de l'enfant ; mais par dessus tout elle développa avec une tendresse intelligente, deux sentiments qui se montraient très vifs en lui, et que nous retrouverons comme les signes caractéristiques de toute sa vie sacerdotale : une foi déjà ardente et un amour aussi tendre que profond pour la Sainte-Vierge.

Ces premières années, cette première éducation surveillée par l'aïeule, chez le tout jeune enfant, laissèrent dans son âme une impression profonde et aussi je ne sais quelle confiance plus tendre vis-à-vis de son excellente grand'mère. Il aimait à retourner à elle, et, pendant toute sa jeunesse, à la prendre pour la confidente de ses pensées et de ses désirs. C'est ainsi qu'il ira à elle la première, et à elle seule pour le moment, faire la confidence de son ardent désir du sacerdoce, quand il aura cru entendre la voix de Dieu au jour béni de sa première communion. Toute sa vie il gardera pour elle le plus pieux et le plus respectueux souvenir : et, nous voyons encore le portrait de cette aïeule respectée occuper la place d'honneur dans l'appartement du Curé de la Cathédrale.

Cependant Mme de Pénandreff dût, sans trop tarder, rendre l'enfant à ses parents, et le jeune Alphonse vint habiter avec les autres membres de sa famille la terre de Kervéréguin, dans la paroisse de Loc-Tudy.

Si le cadre de ce modeste travail nous l'avait permis, nous eussions aimé à pénétrer dans le sanctuaire de cette famille patriarcale, pour respirer, pendant quelques instants, le doux parfum et la forte vitalité chrétienne de nos vieux foyers bretons. Aujourd'hui plus que jamais cela ferait du bien. Ce serait en effet un tableau à la fois consolant et salutaire, que celui d'une famille grandissant sous l'œil de Dieu, dans laquelle des enfants nombreux vivent pleins d'innocence, de naïve confiance, dans laquelle on les voit, par dessus tout, imprégnés de cette véritable piété filiale, dont la notion vraie disparaît tant aujourd'hui pour faire place à je ne sais quelle égalité, sorte de camaraderie malsaine entre le père et l'enfant.

Une lettre que nous recevons d'une des sœurs de M. de Penfentenyo nous retrace, avec une abondance qui vient du cœur, le charme de ces premières années. Nous comprenons le doux souvenir qu'elles laissent dans la famille, et si nous ne nous étendons pas, c'est que nous avons surtout à retracer la vie du prêtre, à faire respirer le parfum des vertus sacerdotales dont il a été constamment un modèle.

Disons cependant, que durant ces premières années, l'enfant prit un goût très vif aux choses religieuses. C'était, nous dit-on, un spectacle ravissant de le voir écouter avec un sérieux, au-dessus de son âge, les leçons d'instruction religieuse que lui donnait sa mère, surtout de le voir essayer de reproduire à ses frères plus jeunes que lui, les explications qu'il avait entendues.

Un jour pourtant, il eut comme peur de Dieu. Il s'agissait de la première confession. L'enfant avait sept ans. La pieuse mère avait préparé son fils. A l'encontre de ceux qui, sous prétexte que l'enfant est encore jeune et innocent, n'attachent qu'une importance secondaire aux premières confessions, elle avait vivement occupé l'esprit d'Alphonse des pensées surnaturelles de la foi. Quelle impression éprouva celui-ci en entrant dans l'église? Se trouva-t-il soudain comme accablé sous le poids des sentiments qu'on avait fait naître en lui, ou bien éprouva-t-il ces appréhensions qu'on ressent en présence d'une chose encore inconnue, d'une démarche qu'on fait pour la première fois ? Toujours est-il qu'il s'accrocha à la balustrade en s'écriant : « Non je ne veux pas. » Il fallut que le bon recteur de Loc-Tudy — c'était alors le vénérable M. Moëlo — vint lui-même le prendre pour le conduire au confessionnal.

La bonté du prêtre le rassura ; il se laissa faire et bientôt on le vit revenir tout heureux, se jeter entre les bras de sa mère, avec la joie d'une petite âme qui vraiment a l'impression du bon Dieu, en s'écriant : « Ah ! que je suis content. » Dès lors, la plus grande joie du jeune Alphonse fut toujours d'accompagner sa mère, lorsque celle-ci avait à s'occuper de l'ornementation de l'église et des autels.

Un jour surtout, chaque année, son jeune cœur s'épanouissait plus que de coutume au pied des saints autels. C'était le jour de la Fête-Dieu. Ce jour-là, le divin Sauveur venait faire visite aux hôtes de Kervéréguin. La procession se rendait de l'église principale à la chapelle du château. Longtemps à l'avance, le jeune enfant appelait ce moment de tous ses vœux, s'y préparait, avec une sainte impatience, comme pour recevoir une faveur, dont il sentait le prix. C'était avec des transports d'enfantine allégresse, faisant palpiter de joie le cœur chrétien de ses parents, qu'il se revêtait du costume d'enfant de chœur pour balancer l'encensoir ou jeter des fleurs devant le Dieu de l'Eucharistie.

Qu'on nous pardonne ce détail : mais il a pu avoir son importance dans la vie sacerdotale de M. de Penfentenyo. N'est-ce pas là déjà qu'il prenait le goût, qu'on lui a trouvé toujours si vif, pour la splendeur à donner au culte et aux solennités de l'Église ? N'est-ce pas là surtout qu'ayant senti la vérité du *sinite parvulos venire ad me*, il a puisé le germe de ce zèle avec lequel on le verra plus tard rechercher les petits enfants pour entourer le Dieu du Tabernacle ? C'est un côté de sa vie de prêtre qu'il faut se garder de négliger, que cet empressement qu'il eut toujours à faire embellir les cérémonies par cette troupe de petits enfants, dont l'innocence plaît à Notre-Seigneur. Vicaire à Saint-Sauveur de Brest, Recteur de Saint-Mathieu, Curé de Saint-Corentin, toujours, on le retrouvera conservant le même souci de procurer à Dieu ces jeunes adorateurs. Ce sera là qu'il aura les meilleures joies de son ministère pastoral. Ceux qui l'ont connu seront unanimes à constater le rayonnement qui se voyait sur son visage, — d'ailleurs ordinairement assez impassible, — quand il était au milieu de ses petits enfants de chœur. Il se rappelait sans doute les joies de son enfance, et revoyait dans une sorte de ravissement de son âme, la chapelle de Kervéréguin, au jour de la Fête-Dieu.

⁂

Cependant l'enfant grandissait. Il était impossible, à la maison paternelle, de lui faire continuer sérieusement ses études. Ses parents le confièrent à M. l'abbé Girodroux, directeur d'une pension de jeunes enfants, à Auray. Les débuts furent assez pénibles. Le père les eut voulus plus précoces et plus vifs. Mais M. Girodroux ne tarda pas à calmer l'impatience paternelle. Il avait remarqué chez le jeune Breton, une chose, qui peut, il est vrai, devenir un défaut quand elle n'est pas suffisamment réglée, mais qui constitue aussi le meilleur élément d'un caractère et d'un succès définitif, quand elle ne devient pas de l'entêtement : la tenacité.

Or, le jeune de Penfentenyo était profondément tenace, et cette qualité il l'a eue, à un degré éminent et toujours raisonnable, pendant toute sa vie. On peut dire qu'il lui a dû, en grande partie, le succès des œuvres qu'il a entreprises. On l'a vu constamment poursuivre son but, sans découragement ni faiblesse, en dépit des obstacles, avec un calme qui ne se démentait jamais, et devant des difficultés qui auraient décontenancé les plus audacieux. Du reste, chez lui, il en a toujours été ainsi : jamais, ou très rarement, des choses primesautières, des entraînements d'un moment, ou une excitation capable de produire un mouvement qui ne dure pas, d'allumer un feu qui brûle un instant, et s'éteint sans laisser aucune trace.

Ce n'est pas qu'il négligera les choses qui viennent, de temps en temps, donner aux fidèles comme un regain de vie. Il sera au contraire vivement passionné pour tout ce qui contribuera à la gloire de Dieu, et nul prêtre, peut-être, n'aura été plus zélé que lui dans le diocèse pour susciter les mouvements et les élans religieux. Nul n'aura été (nous le verrons) promoteur de plus de pèlerinages, de plus de fêtes extraordinaires qui font aimer la maison de Dieu et vivifient la foi. Mais tout cela, s'il participait largement aux saintes émotions qu'il voulait exciter chez les autres, était le résultat de mûres et longues réflexions, de résolutions arrêtées dans le calme et sous l'œil de Dieu. Ce fut toujours l'homme de la réflexion, marchant à son but, avec une volonté que rien n'ébranlait plus quand il avait réfléchi devant Dieu et arrêté son dessein.

M. Girodroux avait déjà remarqué en son jeune élève les indices d'un pareil caractère. Aussi avait-il facilement calmé les impatiences du père, en l'assurant du résultat final ; prédiction heureuse qui n'a pas manqué de se réaliser complètement.

⳩

Ce fut dans cette pension d'Auray, que M. de Penfentenyo fit sa première communion. La préparation avait été sérieuse. On peut dire qu'elle datait de sa petite enfance : bien des fois on lui avait fait entrevoir toutes les joies de ce grand jour. Le dirons-nous : on sentait encore qu'il les avait comprises, qu'il les avait goûtées, qu'il en avait gardé le plus profond souvenir et le sentiment intime, dans la sollicitude qu'il eut toujours pour les premiers communiants confiés à son zèle pastoral. Nous l'avons vu, tout jeune prêtre encore, préparer les enfants à ce grand jour, et nous nous souvenons, à près de quarante ans de distance, de l'impression qu'il produisait. Il y avait dans ses paroles une dignité majestueuse qui pénétrait les cœurs, et laissait les enfants sous un charme étonnant en même temps que sous une impression vive, pleine de respect, et conscients de la responsabilité qu'ils allaient encourir. Un tel prêtre n'avait pas fait sa première communion d'une manière ordinaire.

Dieu ne le favorisa-t-il pas d'ailleurs, en ce jour, de ses toutes divines et plus insignes faveurs ? Ce fut ce jour-là, en effet, que s'affermit et devint comme définitif l'appel de la grâce en lui et la vocation au sacerdoce. Dans cette bienheureuse journée, les sentiments vagues encore, qui étaient dans son âme, prirent tout à coup de la consistance. Il avait, tout petit enfant, entrevu l'honneur du sacerdoce : l'autel faisait sa joie, il s'y plaisait, sans trop savoir encore pourquoi. A la première communion, tout s'éclaircit pour lui, tout nuage fut dissipé : la claire lumière de la grâce le pénétra à l'intime de son cœur. Après avoir reçu la Divine Victime, il aspira aussitôt à l'honneur de l'immoler et de la consacrer lui-même. Il voulut être prêtre. Et ici comme ailleurs, sa résolution ne devait pas se démentir.

Néanmoins il ne confia son secret qu'à son aïeule, sans le révéler encore à personne autre. Pourquoi cela ? Avait-il comme conscience d'être trop jeune pour affirmer devant tous une résolution ? Conservait-il d'instinct cette notion de profond respect pour l'autorité paternelle, qui lui interdisait de disposer, sans elle, de son avenir, et se sentait-il trop enfant pour en parler ? Y avait-il en lui, à ce moment, une timidité qui ne put être vaincue que par la tendresse de l'aïeule, à laquelle il continuait d'aller avec toute la naïveté de son enfance ? Je ne sais. Mais ne nous est-il pas permis plutôt de relever un nouveau trait de son caractère : la discrétion et la sobriété qu'il mit toujours à parler de lui, de ses intentions, de ses œuvres.

Ce n'est pas qu'il manquât d'être, au besoin, communicatif et d'épancher son âme, ni qu'il entendit se décider seul, sans jamais avoir besoin de conseil. Nous savons, au contraire, jusqu'où allait sa confiance quand elle se basait sur l'estime et l'affection. Nous n'ignorons pas comment il aimait à s'entourer de lumières ; comment il savait les demander et les prendre, avec une humilité touchante, à toutes les sources d'où Dieu les faisait jaillir pour lui. Ce sera certainement une des choses dont il lui aura été tenu compte au tribunal de Dieu, que cette bonne volonté à s'éclairer, ce désir qu'il eut de faire au bien le sacrifice de ses vues personnelles, l'ardeur qu'il mettait à se corriger lui-même, à réformer sa manière de voir, quand il l'avait cru nécessaire ou utile. Nous l'avons dit, sa tenacité ne fut jamais de l'entêtement.

Mais s'il eut toujours cette prudence, jamais il ne jeta, qu'on nous passe l'expression, son âme à tous les vents. Il savait prendre conseil au moment voulu, et de qui de droit, et cela fait, avec calme, il allait à son but. Sa grande sobriété de paroles pour parler de ce qu'il avait intention d'accomplir, est absolument remarquable. L'œuvre était commencée, marchait déjà, était véritablement en train, on s'en doutait à peine autour de lui. Son activité absolument discrète avait bien pour devise : se taire et agir. Les intéressés seuls, ceux qu'il avait le droit ou le devoir de mettre au courant, connaissaient ses vues et ses démarches, et encore au moment opportun, et dans la mesure voulue. D'ailleurs le Curé de la Cathédrale restait plein d'une réserve qui imposait le respect.

Quelques-uns ont pu prendre pour une sorte de froideur cette manière de faire et la réserve de M. de Penfentenyo. Il n'en était absolument rien. L'Archiprêtre de Quimper, fut toujours l'homme le plus simple et le plus abordable. Lui-même savait que son air extérieur pouvait parfois faire naître une sorte d'appréhension, qui aurait fait qu'on ne l'aurait approché qu'avec timidité. Il s'était fait une loi de travailler à corriger constamment ce que la nature lui avait donné d'un peu raide dans les allures extérieures. Il y aura chez lui un travail constant sur ce point. Nous voyons cette persévérante résolution de se montrer bon et affectueux, de réprimer tout sentiment hautain, inscrite avec la plus touchante humilité, dans les notes tout intimes, qu'il a écrites régulièrement, depuis son séminaire jusqu'à sa mort. On peut dire qu'il a réussi, nonobstant la phrase qu'il écrivait dans son testament : « *Je demande pardon à mes confrères de ma froideur plutôt apparente que réelle.* » Il avait bien raison de dire : *plutôt apparente que réelle* ; car, s'il y eut un cœur chaud, sachant aimer, et aimer efficacement, jusqu'au dévouement et jusqu'aux sacrifices, ce fut certainement le sien.

Aussi bien cette réserve, cette apparente froideur, si l'on veut, ne trompait pas longtemps. Dès qu'on le connaissait, quel qu'on fût et quelle que fût la distance indiquée par le rang, l'âge ou la position, on était parfaitement à l'aise avec lui. Qu'on le demande à ceux qui l'ont approché de près, qu'on le demande surtout à ces jeunes gens, ces prêtres, ses enfants ; à ceux qui ont vécu avec lui de la vie intime et commune. Je crois bien que pas un de ses vicaires en particulier, n'hésitera à écrire ce que lui-même, dans son testament, écrivait de son ancien Curé : « Je remercie Dieu de m'avoir donné un Curé tel que lui. »

Non jamais ce ne fut un homme d'un cœur froid : c'est le contraire absolument qui est la vérité. Mais il savait que la réserve, la discrétion, la sobriété, sont les caractères de la véritable sagesse, le principe vrai du succès des œuvres, les meilleures marques du zèle sacerdotal.

Le premier secret de l'enfant fut donc empreint de la réserve qu'on retrouve dans toute sa vie, et déjà se dessine son caractère. Mais cette résolution dont le secret demeure entre lui et Dieu, va devenir le gage d'une jeunesse, d'une adolescence sérieuses, préparant le séminariste grave, et le prêtre plein de dignité.

⁂

Alphonse de Penfentenyo ne demeura que peu de temps dans la pension de M. Girodroux, à Auray. On n'y faisait du reste que les premières classes. En 1839, le jeune de Penfentenyo entra au collège ecclésiastique de Lesneven.

Cet établissement était alors dirigé par M. l'abbé Chenu. Un bon nombre d'enfants des meilleures familles du pays s'y étaient donné rendez-vous, et se mêlaient là au solide élément des excellentes familles de campagne. Le collège, bien que jeune encore (il avait été fondé en 1833), avait déjà sa réputation faite. On s'y formait par de fortes études classiques, aux aptitudes pour les différentes carrières, en même temps qu'on y développait les convictions et les habitudes chrétiennes qu'on tenait déjà de sa famille. L'esprit et les études y étaient, à ce moment, ce qu'ils sont aujourd'hui ; la foi comme le travail y étaient en honneur, et les succès couronnaient alors les efforts comme il couronne et récompense si bien le dévouement éclairé et le zèle intelligent de ceux qui le dirigent aujourd'hui.

Le collège de Lesneven a pris les développements que réclamaient les temps et les besoins nouveaux. Il serait bien injuste de dire qu'il est resté ce qu'il était, il y a cinquante ans tout à l'heure. Sous la direction de maîtres et de principaux tels que ceux qui s'y sont succédé, et dont les noms rappelleraient ce que peuvent les meilleurs cœurs au service des plus belles intelligences, le collège s'est développé autant qu'il se pouvait faire. Les études répondent aujourd'hui, comme elles répondaient alors, aux besoins de toutes les carrières et aux désirs des familles. Mais si les élèves d'aujourd'hui conservent, à bien juste titre, de l'établissement embelli et agrandi le meilleur souvenir, s'ils ont pour leurs maîtres un sentiment de profonde gratitude, ceux d'autrefois ont de leur établissement, à coup sûr plus modeste, mais toujours aussi bien situé, aussi gai, avec ses jardins, ses grands arbres, ses magnifiques cours, ses belles promenades aux environs, aussi plein de vie avec ses traditions de travail, de soumission et de bonne camaraderie, ceux d'autrefois restent pleins d'affection pour les lieux qui abritèrent leur adolescence, et de reconnaissance pour les maîtres qu'ils y ont rencontrés. Ils sont heureux d'avoir vu leur collège grandir et toujours prospérer.

M. de Penfentenyo était de ceux en qui le souvenir des années passées à Lesneven ne s'était pas effacé.

Souvent nous l'avons entendu rappeler cette époque de sa vie. Ce fut toujours un bonheur pour lui, une de ces joies intimes, dont son cœur élevé savait apprécier la valeur, de se retrouver avec les condisciples qu'il avait rencontrés sur les bancs de son ancien collège. Il y avait là du reste, des condisciples de choix, et c'était avec les meilleurs que le jeune Alphonse s'était lié d'une intime amitié. A Lesneven, pas plus qu'au Chapitre de Quimper, on ne nous contredira sur ce point.

Le milieu était du reste favorable, nous ne dirons pas pour sauvegarder — cela n'était pas nécessaire, — mais pour affermir les sentiments de notre jeune élève. Là en effet, la vocation ecclésiastique était en grand honneur. C'est de longue date que le collège de Lesneven s'est trouvé à être une pépinière de prêtres. Ils sont nombreux, dans le diocèse, ceux qui ont vu là naître ou s'affermir leur vocation sacerdotale. Aussi les désirs et les résolutions que le jeune Alphonse avait formés, le jour de sa première communion, devinrent-ils absolument inébranlables. Rien du reste, ne se rencontra sur le chemin du jeune homme pour l'en détourner. Jamais une pensée étrangère, la vue d'un autre avenir ne hanta son imagination. Être prêtre fut toujours pour lui le sublime idéal, auquel rien ne pouvait être comparé. Sa vocation ne connut pas de batailles ; Dieu qui l'avait appelé, l'avait voulu à lui dès le commencement. Ce fut comme le fruit qui mûrit à l'abri de l'aquilon ; comme l'arbre qui, planté dans une terre profonde, s'élève et grandit sans connaître la tempête.

⸸

Au collège, Alphonse fut déjà un élève parfait, le jeune homme du devoir, comme il devait en être toujours l'esclave et le modèle. Gai, aimable, bon camarade, travailleur assidu, défenseur paternel d'un jeune frère qui était venu le rejoindre, Alphonse fut surtout un écolier grave et pieux.

Le meilleur souvenir qu'il ait gardé du collège de Lesneven était celui de la Congrégation de la Sainte-Vierge et des heureux moments qu'il y avait passés.

Parmi tous les moyens excellents qu'ils emploient pour exercer une bienfaisante influence sur l'esprit et le cœur de leurs élèves, les Pères Jésuites, — ces maîtres de l'éducation, — n'avaient jadis trouvé rien de meilleur que l'établissement des Congrégations de la Sainte-Vierge. Ils ont eu bien raison. Rien n'est plus efficace pour maintenir la foi, la vertu d'un jeune homme, comme pour donner à la maison tout entière un esprit de docilité, de respect, de bonne camaraderie en même temps que des habitudes sérieusement chrétiennes. Rien, non plus, ne laisse aux élèves des maisons ecclésiastiques de meilleurs souvenirs. C'est toujours avec une joie nouvelle qu'ils revoient les fêtes aux pieds de la Sainte-Vierge, et, à ce souvenir, je ne sais quelle sensation fraîche et douce vient vivifier leurs âmes. Alphonse apprécia du premier coup, les avantages de cette association. Il voulait être congréganiste, et le devint bien vite. Son titre d'élève studieux et pieux lui mérita aussitôt les suffrages de ses camarades, qui se hâtèrent de l'admettre dans leurs rangs.

Je le répète, cette première consécration de sa jeunesse à la Sainte-Vierge lui fut un immense bonheur. Il aimait à en reparler plus tard ; et l'une des recommandations que nous le verrons faire, dans la suite, aux enfants que sa paternelle bonté aura dirigés vers les collèges ecclésiastiques, sera de mériter au plus tôt le titre de congréganiste de la Sainte-Vierge. Il savait qu'il leur indiquait ainsi le meilleur moyen pour sauvegarder leur innocence, leur piété, leur travail et leur vertu.

M. de Penfentenyo passa six ans au collège de Lesneven, ne retournant dans sa famille que deux fois par an : à Pâques et pour les grandes vacances. On ne croyait pas alors, — comme on continue de le faire dans les maisons ecclésiastiques, — qu'il fut bon de trop scinder les études par des congés multipliés. On pensait au contraire, que l'esprit profiterait mieux des leçons, et peut-être aussi que le caractère se formerait davantage à la fermeté et aux habitudes d'obéissance, si l'enfant demeurait pendant de longs mois, au milieu de ses condisciples, complètement confié aux soins de ses maîtres. Ce n'est pas que nous entendions ici blâmer les relations plus fréquentes qu'on laisse aujourd'hui à l'enfant avec ses parents ; mais alors les vacances étaient rares.

Aussi qu'elles étaient bonnes ! C'était du moins ce qu'on disait à Kervéréguin quand on pensait au retour d'Alphonse. Pour lui, quand il revenait au séjour paternel, il partageait toutes les joies de sa famille, s'abandonnait volontiers à toutes les bonnes et franches gaîtés semées sur son chemin ; mais il savait réserver au travail le temps voulu. Par dessus tout, il rapportait au foyer domestique une piété de plus en plus grave, de plus en plus éclairée. S'en allant chaque matin répondre la sainte messe au vénérable Recteur de Loc-Tudy, il était déjà l'édification de tous ceux qui l'entouraient.

⸸

Ce ne fut pas au collège de Lesneven que M. de Penfentenyo termina ses études. Ses parents l'envoyèrent passer une année à Nantes, et ensuite à Paris, où il reçut le diplôme de bachelier ès-lettres.

Ni le séjour de la capitale, ni les entraînements séducteurs qui y attendent un jeune homme, ne troublèrent l'âme d'Alphonse de Penfentenyo.

Il arrivait à Paris avec une vocation arrêtée, et s'il dut donner parfois de rares moments aux relations du monde, jamais son cœur n'y rencontra d'attrait. A son arrivée, il trouva, du reste, à Paris, l'un de ses amis de collège, qui terminait ses études en médecine. Celui-ci fit aussitôt admettre son jeune camarade dans la conférence de Saint-Vincent-de-Paul de Saint-Etienne-du-Mont. Alphonse allait commencer l'apprentissage éclairé de son amour des pauvres et des œuvres de zèle.

Voici comment les deux amis employèrent leur temps dans cette ville de plaisirs. Dans le courant de la semaine, tout le temps libre se passait à visiter les familles qui leur étaient confiées, à faire le catéchisme aux enfants, à travailler à la régularisation des mariages dans les faubourgs. Puis le dimanche, sitôt levé, nous écrit cet excellent ami, nous allions à la messe ; à 7 heures, nous partions pour le patronage de la Roquette, où nous passions toute la journée à nous occuper de deux cents enfants, à leur apprendre leurs prières, à les mener à la messe, à leur faire le cathéchisme. Nous en sortions à 5 heures pour faire un modeste dîner — à 18 sous — au Boulevard de Saint-Denis, suivi d'une promenade. Puis nous partions pour Notre-Dame-des-Victoires, où nous restions jusqu'à 9 heures du soir, et de là chez nous, où nous rentrions bien fatigués, mais bien contents de notre journée.

Heureux les hommes qui peuvent, dans leur vieillesse, rappeler de tels souvenirs, parler ainsi de leur adolescence, donner ainsi l'emploi d'une journée à l'âge de vingt ans !

On voit cependant, que M. de Penfentenyo commença de bonne heure à s'initier aux travaux pour lesquels le désignait la divine Providence, et on ne s'étonnera plus de voir plus tard le prêtre s'entourer de jeunes gens et de séminaristes pour accomplir le bien, spécialement quand il s'agira du patronage de Saint-Joseph à Quimper.

Cependant Alphonse devait revenir bientôt à Kervéréguin, le jeune homme devant se décider à confier ses résolutions à qui de droit. Il déclara donc à son père sa résolution d'entrer au séminaire. C'était en

1847 : M. de Penfentenyo avait donc vingt-deux ans.

Cette nouvelle, bien qu'un peu pressentie par lui, ne laissa pas d'abord de produire une certaine émotion chez le vieux gentilhomme. Il avait rêvé autre chose pour l'aîné de ses garçons. Il pensait à une autre carrière et songeait pour Alphonse à d'autres honneurs qu'à ceux du sacerdoce. Mais le vieux Breton avait d'autres fils qui devaient perpétuer le nom et soutenir, comme on sait, l'honneur de la race. Ceux-là devaient courir la brillante carrière des armes, et s'y faire dans les grades les plus élevés de la Marine française, un nom respecté et une réputation justement acquise. Aussi les hésitations du père ne furent pas de longue durée. Un ami de la famille, appartenant à la Compagnie de Jésus, pour lequel le Curé de la Cathédrale conserva toujours la plus vive affection, et aux lumières et aux conseils duquel il voulut recourir jusqu'à la fin de sa vie — le R.P. de Saint-Alouarn — fit vite comprendre au gentilhomme breton l'honneur que Dieu lui réservait en venant prendre dans sa famille l'élu du sacerdoce. Aussi bien la chose n'était pas difficile. Avec la foi qui le caractérisait, M. de Penfentenyo n'eut pas de peine à saisir que c'était la bénédiction de Dieu qui se répandait sur sa maison tout entière, et que l'appel qu'Il faisait d'Alphonse resterait, pour toute sa famille, le plus sûr gage de la protection divine.

Partout, en effet, où Dieu prend un jeune homme pour l'élever au sacerdoce, n'est-ce point, de sa part, une vraie bénédiction ? Sans doute, Dieu prend où il veut les élus de ses autels. Il semble, depuis longtemps, les prendre, en plus grand nombre, dans un rang moins élevé de la Société. Il va les chercher bien souvent, dans les familles du peuple. C'est sa manière excellente de bénir et de récompenser une vie de foi et éminemment chrétienne, maintenue souvent pendant plusieurs générations. Mais il veut les avoir aussi dans les rangs plus élevés, et, quand il les prend ici, il semble plus difficile sur le choix des familles. Il les veut plus reconnaissantes, comme si elles étaient mieux capables d'apprécier la faveur de l'immense dignité qu'il va conférer à l'un de leurs enfants.

Hâtons-nous de dire que, si l'on considère l'ardeur de la foi chrétienne et les titres qu'on peut avoir au choix d'En-Haut, Dieu devait un prêtre à la famille de Penfentenyo. Mais, ce prêtre, il allait le leur donner tel, qu'il serait universellement vénéré, qu'on pourrait le citer comme exemple, qu'il laisserait, à un moment donné, d'universels regrets, un vide immense dans une ville et tout un diocèse ; tel, enfin qu'on pourra résumer toute sa vie en un seul mot, qui est à lui seul le plus beau de tous les éloges : *Ce fut le modèle du bon prêtre.*

On nous permettra de suivre la vie du séminariste et du prêtre avec la même simplicité que nous avons suivi la vie de l'enfant et du jeune homme.

Nous n'allons pas, il est vrai, nous trouver devant des œuvres tellement saillantes, qu'elles nous forceront à l'admiration de choses extraordinaires. Mais nous allons voir une âme forte et généreuse marcher constamment au devoir, sans connaître jamais de défaillance; nous verrons se développer un caractère, nous serons en présence d'un homme qui tirera le parti aussi complet que possible des qualités que Dieu lui a données.

Par dessus tout, nous suivrons un prêtre soucieux, avant toute chose, de sa sanctification, conservant jusqu'à ses derniers jours les pieuses habitudes du séminaire, continuant, jusqu'à ses derniers moments, de noter, avec une fidélité qui ne se démentira pas un seul instant, et les victoires qu'il faut remporter sur soi-même, et les moyens à employer pour que le zèle sacerdotal soit secondé, comme il doit l'être, par une sainteté acquise au prix de tous les sacrifices imposés à la nature.

Nous avons sous les yeux les notes absolument intimes de M. de Penfentenyo. Il est regrettable que nous ne puissions pas les publier telles quelles. Son âme s'y retrouve tout entière, âme vraiment sacerdotale, soucieuse de la gloire Dieu, ne voulant, pour aucun prix, que rien d'humain pût vicier ce qu'il devait faire pour Dieu ; connaissant ses faiblesses, voulant en triompher à tout prix, et mettant à le faire une indomptable énergie.

Ces réflexions commencent à sa tonsure, le 16 Juin 1848, pour ne se terminer qu'à la dernière retraite qu'il fit quelques mois avant sa mort. N'y aurait-il pour mettre bien en relief l'énergie du caractère et la volonté de l'homme, que cette persévérance, ce serait nous semble-t-il beaucoup. — Le retrouver en 1892, à l'âge de 67 ans, prenant soin de marquer ses impressions, d'écrire ses résolutions, de formuler ses désirs de perfection, comme il le faisait dans la première ardeur de sa jeunesse de séminariste, et cela, sans emphase, sans recherche, avec la même simplicité que dans les premiers jours, et, on le sent, avec la même franchise d'allures, le même désir, sinon un désir grandissant du bien : conservant, disons-le, au déclin de sa vie, ce divin enthousiasme qui enflamme le jeune lévite au moment de sa consécration sacerdotale, cela nous paraîtrait suffisant pour montrer en lui le prêtre tel que nous l'avons caractérisé en l'appelant : le modèle des bons prêtres.

N'est-ce pas Bossuet, qui, quelque part, a émis cette pensée que la véritable grandeur d'âme ne consiste pas à faire, de temps en temps, quelques actes héroïques, mais qu'elle se trouve plutôt dans la persévérance constante en l'accomplissement du devoir ? A ce compte-là, M. de Penfentenyo posséda la vraie magnanimité d'âme, fut vraiment héroïque.

De ces notes, du reste, que nous n'avons pu que parcourir, — et que n'ont pu parcourir avec nous, ceux qui ont été appelés à les lire – sans une profonde émotion, il se dégage un parfum de fraîcheur, de sainteté, d'amour, de zèle et de vertus sacerdotales ; je ne sais quelle émanation toute divine d'une âme absolument pure et dévouée.

C'est comme un écho de la vie des Saints. Nous avons éprouvé, en les lisant, les mêmes impressions, nous sommes souvent resté sous le même charme, la même édification, empreints du même respect qu'en lisant certaines pensées à nous laissées par les âmes les plus élevées en sainteté. C'est une préoccupation constante de ne faire en toute chose que la volonté de Dieu, d'être en tout conforme au Divin Modèle du Calvaire. Cette pensée revient à chaque page de ce cahier assez volumineux. On la trouve exprimée au jour de la Tonsure, des Ordres mineurs, du Sous-Diaconat. « Vous voulez, ô mon Dieu, écrit-il en 1848, à la veille de la Tonsure, me prendre pour votre enfant, vous me l'ordonnez par la bouche de mon directeur. J'obéirai, Seigneur. » « Votre volonté, ô mon Dieu, je veux faire votre volonté, ne permettez pas qu'il en soit autrement », reprend-il au moment du Sous-Diaconat.

Il n'y a pas une seule retraite (et jamais il n'a manqué, une année, de prendre ces jours de recueillement si utiles à toutes les âmes, mais surtout si nécessaires au prêtre), il n'y a pas une seule retraite, qui ne ramène la même pensée. « Notre-Seigneur sera constamment devant mes yeux, » écrit-il en 1862, la dernière année de son vicariat à Recouvrance. « Que ferait Notre-Seigneur s'il était à ma place », résume sa retraite, comme Recteur de Saint-Mathieu, en 1870. — « Détachement complet de tout ce qui ne conduit pas à Dieu. — « Pourquoi aurai-je d'autres pensées, d'autre manière de voir que celles de mon divin Maître », sont les réflexions du Curé de la Cathédrale, en 1886, en 1891. Et à côté de cette résolution, toujours renouvelée, nous trouvons écrits les moyens les plus précis pour que les résolutions ne restent point lettre morte.

Cette préoccupation de ne faire que la volonté de Dieu a été, nous l'affirmons, sans crainte d'être démenti, une des marques caractéristiques de sa vie sacerdotale. On sentait que cet homme-là ne cherchait point autre chose et n'agissait par aucune vue humaine. Ce fut toujours l'homme du surnaturel. Mais cette volonté divine, ce que Dieu lui demandait, ce qu'Il exigeait de lui, pour sa sanctification, comme ce qu'Il désirait de son zèle sacerdotal, il le cherchait, il le voulait connaître, accomplir à tout prix.

On comprend qu'avec des sentiments pareils, constamment développés, mûris et fortifiés depuis l'entrée au séminaire jusqu'au dernier jour de sa vie, ce prêtre ait eu de saintes audaces. On conçoit qu'il soit arrivé à constamment réussir dans les œuvres qu'il a entreprises. Certes, ce ne fut pas un de ces imprudents qui, sous prétexte d'obéir à je ne sais quelle inspiration divine, se jettent, tête baissée, dans toutes les entreprises, fruit d'un zèle intempestif, et marchent de l'avant là où la vraie sagesse commanderait de rester sur la réserve ou d'attendre. Nul ne refusera à M. de Penfentenyo d'avoir été l'homme d'une vraie prudence. Mais sa prudence ne fut jamais cette pusillanimité, qui arrête toutes les œuvres, et derrière laquelle s'abrite trop facilement une timidité coupable ou un besoin de repos que le véritable zèle n'approuvera jamais. On l'a vu à l'œuvre dans le diocèse : œuvres paroissiales, congrégations, fondations d'écoles, de patronage, de cercles, restaurations dernières de la Cathédrale, pèlerinages : il a été le promoteur de cela, n'écoutant que le zèle, qui lui montrait la volonté de Dieu. La gloire de Dieu, il la cherche toujours, avec une simplicité et une droiture au-dessus de tout éloge. Et n'est-ce pas, je le répète, à ces sentiments-là qu'il a dû le succès ?

Cela lui donnait une immense confiance dans la divine Providence. D'aucuns se sont parfois effrayés de ses audaces, et se demandaient comment il mènerait à bonne fin ce qu'il entreprenait. Son Évêque du moins, Mgr Nouvel ne s'en effrayait pas. Dans les derniers temps de ce prélat, M. de Penfentenyo entreprit de terminer la restauration de la Cathédrale, en réparant la magnifique chapelle de la Victoire. L'œuvre était considérable : des ressources relativement grandes étaient nécessaires; les travaux commencés prirent des proportions plus grandes qu'on n'avait pensé d'abord, et le Curé allait de l'avant. Quelqu'un s'effraya. Certaines appréhensions furent manifestées devant l'Évêque. Mais l'Évêque connaissait son Curé. Il n'ignorait point sa prudence ; par dessus tout il savait qu'il avait affaire à un homme ne travaillant que pour la gloire de Dieu. Aussi, avec le sens exquis et si naturel qui le caractérisait, Mgr Nouvel s'empressa de répondre : « Oh ! ne craignez point ; quand il est question de mon Curé de la Cathédrale, je n'ai peur de rien : je suis sûr du succès. »

Puisque nous avons ouvert un instant en public ce recueil de notes intimes, on nous permettra de relever encore un trait qui s'en dégage, et de noter une voie qui fut toujours celle dans laquelle M. de Penfentenyo marcha avec amour : je veux parler de l'amour de l'Église et de la filiale obéissance qu'il eut pour le Souverain-Pontife.

Cet amour de l'Église, du Souverain-Pontife, deviendra une véritable passion qui animera constamment l'âme du séminariste, du prêtre, du pasteur. A peine vient-il de recevair la Tonsure, et d'être admis au nombre des clercs, qu'il apprécie lui-même cette dignité avec toute la direction d'une belle âme ; mais il conclut : « Mon Dieu, vous m'avez ouvert les portes de votre sainte Église. Il faut aussi que je fasse quelque chose pour elle. » Élevé aux Ordres mineurs, il reprend : « Oui, j'aimerai la maison du Seigneur... »

Cet amour de l'Église, nul ne l'aura poussé plus loin que lui, nul, plus que lui, n'a ressenti les blessures dont l'impiété fait saigner le cœur de cette mère. Nul, non plus, n'aura eu plus à cœur de procurer sa gloire et son triomphe. Il aura bien souvent, dans sa vie, des mouvements de sainte révolte, de divines colères. Son cœur bondira d'une indignation qu'il ne pourra contenir à la vue des guerres impies et des persécutions infligées à cette Église, dont il est si fier d'être non-seulement l'enfant, mais encore le prêtre et le ministre.

Nous le verrons, dans sa vie de prêtre et de pasteur, prendre tous les moyens en son pouvoir pour que la divine influence de l'Église se relève autour de lui, et pénètre les familles. Dans son enseignement, il aimera à parler du Souverain-Pontife, de l'Église Romaine, à la faire connaître, surtout, à la faire aimer.

Il lui semblait qu'une lacune profonde existait, il n'y a pas encore longtemps, dans l'enseignement religieux. Il trouvait qu'on ne parlait pas assez du Pape et de l'Église, particulièrement aux enfants. « Autrefois, disait-il, c'est à peine si, nous autres « enfants, nous connaissions le Pape. Aujourd'hui, « heureusement, tout le monde commence à le con- « naître et à l'aimer. »

La grande union qui se manifeste, en tous les lieux, resserrant chaque jour les liens entre le père commun des fidèles et ses enfants, était l'une des joies que son cœur goûtait le mieux. Aussi quand le ministère pastoral lui sera confié, tout ce qui tiendra au Souverain-Pontife sera célébré avec un éclat inaccoutumé. A Saint-Mathieu, comme à la Cathédrale, les fêtes de Pie IX, les Jubilés de Léon XIII seront fêtés avec une pompe et une magnificence qui frapperont les fidèles. Alors, rien ne sera épargné. Les fidèles de Quimper garderont le souvenir de ces fêtes. Le pasteur prodiguera, ces jours-là, le meilleur de ses ressources comme il donnait le meilleur de son cœur. Il faut absolument frapper l'esprit des chrétiens, et leur faire comprendre ce qui est dû à ces grands anniversaires.

⳨

Pour le Souverain-Pontife, on le trouvera toujours prêt à tous les sacrifices. Non seulement il aimera toutes les œuvres qui contribueront à soutenir le Pape, mais la soumission la plus entière, la plus absolue — la soumission sans restriction aucune, et sans arrière-pensée — à toute direction, à tout conseil venus de cette sainte autorité, sera, je ne dis pas, la règle invariable de sa conduite extérieure, mais encore la loi la plus stricte de ses pensées et de l'orientation de ses désirs et de sa volonté. Les œuvres encouragées par Rome, seront toujours les siennes, qu'il s'agisse de Tiers-Ordre ou de patronage, ce sera le même mobile qui le conduira dans ses voies.

Sans un instant d'hésitation, les sacrifices demandés seront aussitôt consentis.

Fallût-il entrer hardiment dans une voie qui n'a pas toujours été la sienne, on le trouvera prêt. C'est ainsi que dans ces derniers temps, le Curé de la Cathédrale ne supportera, d'où qu'elle vienne, l'ombre d'une critique contre la direction indiquée par le Souverain-Pontife. Il n'y aura plus pour lui d'autre voie, pour le salut et le relèvement moral de sa France bien aimée, que l'union de tous les cœurs sur le terrain catholique. On le verra, dans ses derniers jours, concevoir un dessein (que différentes raisons ont empêché d'aboutir) : celui de combattre pour l'Église, par la presse, au moyen d'un journal qui serait comme un mot de ralliement pour toutes les bonnes volontés : celles qui désirent, avant tout, le relèvement catholique, et sont prêtes pour cela, à combattre franchement pour Dieu, l'Église et la France, en marchant, en toute loyauté, dans le sens des dernières encycliques.

Au surplus, cet amour de l'Église, s'il lui donna l'une de ses meilleures joies et fut l'inspirateur des moments les plus heureux de son ministère, il en a connu toutes les angoisses. Son cœur a été vraiment torturé, à la vue des souffrances de l'Église. Constamment, nous le voyons (et ce sont encore ses notes intimes qui nous le revèleraient si nous ne le savions pas d'ailleurs) préoccupé de l'avenir sombre et de plus en plus menaçant qui se préparait pour l'Église catholique.

Dès 1872, nous retrouvons chez lui, des accents comme ceux-ci : « Les événements qui semblent se « préparer sont tels, qu'on peut s'attendre à tout. » — « L'avenir est loin d'être rassurant, » écrit-il encore en 1880.

Mais à côté de cela, une parole, un mot qui

marque toute l'agitation de son âme à la vue des malheurs qui se préparent : « Ah ! si je pouvais être « utile à quelque chose, si ma vie pouvait apaiser « votre justice ; si je pouvais être utile à l'Église, à « mon pays, je suis prêt ! »

Cela ne rappelle-t-il pas saint Paul, dans un de ses plus beaux moments, demandant d'être anathème pour ses frères ? En tout cas, cela révèle un cœur profondément dévoué à la sainte Église. Non, personne ne prendra ces paroles, écrites à l'âge de cinquante ans, par le Recteur de Saint-Mathieu, pour l'expression d'un enthousiasme irréfléchi. Nul ne croira que M. de Penfentenyo fut homme à se laisser emporter par une imagination quelque peu délirante, et ne consentira à dire qu'il n'y a là que de vaines paroles ne répondant pas à de réels sentiments.

Pour nous, si nous avions à choisir les paroles qu'il faudrait graver sur sa tombe, pour perpétuer le souvenir de ce qu'il a été, il en est une que nous n'oublierions pas : *Dilexit Ecclesiam ; il a aimé l'Église.*

Nous arrêtons là, pour le moment, les citations tirées de ce cahier intime ; nous aurons occasion d'y revenir. Nous pouvons avoir paru anticiper ici, en écrivant, dès à présent, les réflexions qui précèdent. On voudra bien se rappeler que nous n'entendons, pour aucun prix, écrire une vie, avec tout l'ordre d'un livre. Nous avons pour but de révéler et de faire revivre, autant que possible, le prêtre que nous avons connu et que nous avons aimé. Nous ne pensons pas que ce que nous venons de dire soit à cela inutile.

⁂

Ce fut donc en Octobre 1847, que M. de Penfentenyo entra au séminaire. Le père, avons-nous dit, avait facilement compris qu'un prêtre serait pour sa famille un véritable honneur. Quant à sa mère, à son aïeule, à ses sœurs, elles étaient dans le ravissement en voyant le jeune homme prendre le chemin qui conduit aux autels.

Tous eurent dès lors, pour Alphonse, non pas plus d'affection, cela était impossible ; mais l'affection prit comme un autre caractère, il s'y mêla davantage de respect.

Il en est ainsi dans les familles chrétiennes. Celui qui revêt la livrée de Dieu n'est pas aimé à la manière des autres ; on ne le regarde pas avec les mêmes regards. On le voit aussitôt élevé en dignité ; et, il y a sur son front, je ne sais quelle auréole dont un père, une mère, des frères et des sœurs chrétiens sont les premiers à reconnaître la grandeur. Si l'appel de Dieu et le caractère sacerdotal sont loin de détruire ou d'amoindrir les affections de la famille, ils y mêlent quelque chose de plus saint et de plus sacré. Cela fut toujours vrai dans la famille de M. de Penfentenyo. Alphonse, en raison de son sacerdoce, eut droit à des égards et reçut des marques constantes de déférence et de respect.

⳩

Ce fut le séminaire de Saint-Sulpice que le jeune homme, d'accord avec sa famille, et avec l'Évêque, Mgr Graveran, choisit pour y faire ses études. Nous n'avons naturellement rien à dire ici de cette sainte maison. Tout le monde sait comment on s'y forme à la piété, aux vertus sacerdotales aussi bien qu'aux sciences ecclésiastiques. Notre séminaire est heureux d'y envoyer ses meilleurs élèves, et notre diocèse est fier de compter, dans les rangs de son clergé, bon nombre de prêtres qui y ont été formés. C'est avec une légitime fierté qu'on les retrouve à la tête du diocèse dans les postes les plus importants : prêtres aussi distingués que dévoués.

Au moment où M. de Penfentenyo entrait à Saint-Sulpice, il y avait là toute une pléiade de Bretons du Finistère, MM. Serré, Ollivier, Turlucher, Pouliquen, Saint-Jalmes, Bergot, Quéméneur, etc., dont il suffit de citer les noms pour voir quels élèves l'Administration diocésaine choisissait pour l'achèvement des études à Paris.

Outre ses condisciples bretons, M. de Penfentenyo rencontra là d'autres jeunes gens, avec lesquels il se lia d'une étroite et respectueuse amitié. C'étaient les Lavigerie, les Laborde, les Langénieux, les Thomas, les Daniel et autres, et par dessus tous, Celui auquel nous sommes heureux de donner, en passant, un pieux souvenir en exprimant l'immense regret de son trop court passage parmi nous : l'abbé Lamarche, qui devait venir embaumer le Siège de saint Corentin des parfums de sa piété, et vivre juste assez à Quimper pour qu'on pût apprécier, comme il convenait, les nobles qualités de son âme.

†

De temps en temps, rarement il est vrai, on se revoyait; mais c'était une vraie joie pour le Curé de la Cathédrale de retrouver ses anciens condisciples.

Nous trouvons, dans ses notes, un souvenir bien ému pour l'un d'entre eux : Mgr Daniel, aumônier des zouaves pontificaux, qu'il était allé voir à Nantes, quelque temps avant sa mort. On voit tout le chagrin qu'il était capable d'éprouver en perdant un ami.

Sous ce rapport, quand son cœur a été brisé par la destruction de quelques-unes de ses bonnes affections, cette nature d'élite concentrait beaucoup de choses en lui-même. Il ne croyait pas qu'il lui fût permis de faire sentir aux autres le poids de ses chagrins. Mais ce que son cœur éprouvait, ses intimes le savaient, et souvent, un mot, une parole révélaient toute la profondeur de la blessure qu'il avait ressentie.

C'est probablement dans cette force d'âme, à la fois affectueuse et animée d'une vigueur toute surnaturelle, qu'il a puisé le secret qu'il avait de savoir consoler les souffrances. J'ai vu peu d'hommes dont la présence auprès de la douleur fût aussi efficace, et qui sût relever les courages avec autant de discrétion et de bonheur. Qu'on le demande aux âmes qui ont souffert et avec lesquelles il était en contact.

Si M. de Penfentenyo garda un si bon souvenir pour ses anciens condisciples, les hautes dignités dont ils furent revêtus, ne firent pas oublier à ceux-ci l'ami de Saint-Sulpice. Nous avons sous les yeux les lettres affectueuses et touchantes écrites à sa famille ou à ses vicaires, à l'occasion de sa mort. On y voit comment il était apprécié. Nous aimerions à les citer toutes ici, qu'on nous permette seulement de rapporter la lettre du cardinal Langénieux, écrite toute entière de sa propre main, aux Vicaires de Saint-Corentin :

ARCHEVÊCHÉ
de
REIMS

« Reims, le 18 Août 1892.

« MESSIEURS,

« Je suis profondément touché du souvenir que « m'a donné mon excellent et vieil ami, le digne pas- « teur que vous pleurez. Quelle délicatesse dans ce « désir de son testament !

« Oui ! c'est de grand cœur que je donnerai mes « meilleures prières, au memento des morts, pour cet « ancien condisciple, dont le charme, la piété, les « vertus, m'ont inspiré une fidèle et respectueuse « affection, restée toujours telle qu'elle fut à Saint- « Sulpice, malgré la séparation et de longues années « de silence.

« Son âme simple et droite, âme de Breton, aura « trouvé le ciel ouvert, et cependant nous lui devons « de penser à lui devant Dieu, car les responsabilités « de la charge pastorale sont redoutables pour les « meilleurs et les plus dévoués.

« Selon votre désir, mes chers Messieurs, je vous

« bénis paternellemeut au nom du vénéré défunt, « qui fut votre père et votre modèle, et qui restera « mon ami, et, je l'espère, mon intercesseur auprès « de Dieu.

« † B. M. Card. LANGÉNIEUX,

« *Archevêque de Reims.* »

⁂

Mais c'était surtout des maîtres que le jeune Alphonse était allé chercher au séminaire. Il allait écouter les leçons de ces professeurs de Saint-Sulpice, si justement célèbres. Son jugement sûr, son esprit droit et ferme, son sens pratique devait tirer de leurs leçons les meilleurs fruits.

Si ce ne fût pas un de ces brillants et extraordinaires élèves, dont les succès ont un éclat retentissant, ce fut certainement un de ces élèves sûrs, réunissant un tel ensemble de qualités moyennes, que l'on peut avoir en eux une entière confiance, et souvent plus complète qu'en ceux qui laissent apercevoir des qualités plus brillantes, dont l'éclat est trop souvent terni par des défauts qui en amoindrissent singulièrement le prix.

M. de Penfentenyo fut un caractère complet, qu'on nous passe l'expression. Si la nature ne l'avait pas fait brillant, Dieu lui avait donné un tel tempérament de qualités, une telle pondération, avait si bien équilibré les facultés de son âme, que ce devait être, comme cela a eu lieu en effet, un homme exerçant une très grande influence et un prêtre du meilleur conseil. Nous aurons occasion de le rappeler, quand nous le retrouverons aux premiers postes du diocèse, lorsque l'âge aura mûri son jugement.

En tout cas, M. de Penfentenyo prit de ses maîtres, non-seulement les connaissances ecclésiastiques susceptibles d'en faire un prêtre distingué, mais surtout il goûta d'une manière excellente, ce que j'appellerai volontiers l'éducation sacerdotale de Saint-Sulpice. Il se laissa former docilement par cette direction habile et éclairée, mettant tous ses soins à y répondre et à prendre aussi complètement que possible, l'orientation donnée à sa vie. Son esprit juste, lui faisait trouver, parmi tous les conseils donnés, ce qui lui convenait particulièrement, et sa foi ardente l'amenait à recueillir et à noter les pensées les plus saillantes que ces maîtres jetaient à leurs élèves, dans le but de les façonner, et de les aguerrir pour les luttes et les victoires de la vie.

C'est ainsi qu'il recueillait des paroles comme celles-ci, tombées de leur bouche :

« Les écueils contre lesquels la vertu vient le plus souvent se briser sont l'orgueil et l'immortification. Les remèdes contre ces défauts sont : l'oraison, l'examen de conscience, la fidélité aux règlements, la retraite. »

« L'humilité est la base de toutes les vertus. »

« Il y a trois vices qui sont comme la cause de la perte de tous les hommes : l'orgueil de la vie, la concupiscence de la chair, la concupiscence des yeux. Dieu y a opposé trois vertus : l'humilité, la mortification ou chasteté, la pauvreté. »

Je note en passant ces quelques sentences. Il me semble qu'elles ont ensuite guidé sa vie et qu'il en a fait comme la base de sa sanctification. Ne retrouve-t-on pas, en effet, à la suite de toutes ses retraites, une considération rappelant la nécessité de l'humilité, de la vigilance sur soi-même, accompagnant les résolutions de travailler à faire la volonté de Dieu et à être conforme à N.-S. Jésus-Christ ?

✝

On sait ce qui arriva à cette époque pour les séminaristes de Saint-Sulpice. On se rappelle comment nos élèves ecclésiastiques, pour échapper à la tourmente révolutionnaire, durent revenir au pays, déguisés tant bien que mal, et — il faut bien le dire — plutôt mal que bien.

M. de Penfentenyo, grâce, croyons-nous, aux relations que sa famille avait à Paris, put ne pas rentrer en Bretagne en même temps qu'eux. Il n'eut donc pas à participer à ce voyage dont on mentionnerait volontiers le côté pittoresque, si l'odyssée de ces Messieurs ne rappelait en même temps une époque de tristes événements.

A la suite du licenciement du séminaire, qu'amenèrent les événements de 1848, il y eut très peu d'interruption dans les études de M. de Penfentenyo. L'établissement pouvait, en effet, ouvrir ses portes, après quelques semaines seulement, et le jeune séminariste revenait aussitôt y prendre sa place. Il lui fut ainsi permis de continuer son année scolaire et de recevoir la sainte tonsure le 1er Juin 1848.

⁂

Quelle fut la vie de M. de Penfentenyo durant les trois ans et demi qu'il passa à Saint-Sulpice ? Il est assez facile de s'en faire une idée. Ce fut celle des meilleurs séminaristes ayant une entière conscience de la responsabilité qu'ils encourrent pendant ces années de formation sacerdotale, comprenant qu'ils font pousser là la racine d'un arbre qui ne se développera ensuite et ne portera de fruits qu'autant que cette racine sera vigoureuse et profonde, sentant enfin qu'ils posent là le fondement de toute une vie pleine des plus redoutables responsabilités.

Dans les quelques paroles, si belles et si émues, qu'il adressait aux fidèles de Saint-Corentin, le dimanche qui suivit la mort du Curé de la Cathédrale, M. le Vicaire Capitulaire s'arrêtait volontiers sur le portrait de ce séminariste modèle, son ancien condisciple.

Nous eussions bien voulu reproduire son discours. Mais que M. Serré avait raison, après avoir loué la piété, l'assiduité, la modestie et la régularité du jeune homme, de faire ressortir l'aimable gravité et la gaîté de bon aloi, aussi bien que la dignité de l'élève du sanctuaire !

Ces qualités devaient se développer encore, et demeurer un des traits les plus distinctifs du Curé de Saint-Corentin. Tel il était, jeune homme au séminaire, tel il demeura toujours. On aurait bien tort de le prendre pour une âme sombre, inquiète, enclin à la tristesse et à je ne sais quelle morosité. C'était au contraire l'homme qui savait être bonnement aimable, et plein de franche gaîté. Il nous est arrivé, bien des fois, de voir son bon et franc rire éclater avec le meilleur de tous les laisser-aller, et l'abandon de l'amitié la plus simple et la plus cordiale.

Dans les bonnes causeries qu'il aimait, au milieu de ses confrères, comme parmi les gens du monde, il prenait volontiers sa part, et joyeusement, de ces récréations qui reposent, défatiguent et détendent. Il savait les animer au besoin. Mais cette gaîté, toujours de bon aloi, M. de Penfentenyo la voulait toujours digne et en rapport avec le caractère sacerdotal. Il ne pensait pas qu'elle fût contraire à la gravité nécessaire au prêtre, mais il pensait encore davantage qu'elle ne devait jamais descendre à un certain niveau, prendre certaines allures. Il fallait qu'elle s'alliât toujours à une grande dignité.

Cette gravité et cette dignité extérieures, il y était porté par sa nature et son éducation ; mais le séminariste y donna tous ses soins, et le prêtre ne s'en départit jamais. Néanmoins, jamais elle ne fit de lui un homme hautain, difficile. En lui, rien de prétentieux, rien de contraint, ni de guindé. Tel était son sens pratique des hommes et des choses, qu'il savait donner à sa dignité des formes, pour ainsi dire diverses, et la plier à des allures différentes suivant le caractère et la nature des personnes avec lesquelles il se trouvait.

Autant le gentilhomme en lui, était à l'aise avec les personnes de la meilleure société, et se trouvait à être facilement l'homme des plus grandes manières, toujours empreintes de cette simplicité qui fait voir qu'elles ne sont pas d'emprunt ; autant il savait descendre, avec toute la supériorité de sa condition, mais avec toute la simplicité de son bon cœur, jusqu'à tous, particulièrement jusqu'aux ouvriers et aux enfants.

C'est une chose remarquable que la facilité avec laquelle les rapports s'établissaient entre lui et les personnes de la classe ouvrière. Nous aurons occasion de dire son amour pour les ouvriers, ce qu'il essaya de faire pour eux : notons dès à présent cette familiarité qu'il sut avoir avec eux, familiarité de bon goût, qui attirait l'affection, et faisait venir à lui avec confiance.

Nous l'avons vu souvent au milieu de ses apprentis du Patronage, condescendant à tous leurs besoins, se faisant littéralement tout à tous. Faut-il le rappeler tout de suite : nous ne nous souvenons pas sans émotion du Recteur de Saint-Mathieu, du Chanoine titulaire, veillant de son mieux, à la répétition des petites pièces théâtrales qui devaient défrayer le Patronage. Nous suivons encore les regards de respect et d'affection qui le poursuivirent, durant tout son ministère, de la part des personnes du peuple.

⁂

Mais retournons au séminaire. Le 22 Décembre 1848, M. de Penfentenyo recevait les Ordres mineurs et, au mois de Juin l'année suivante, par l'ordre du sous-diaconat, il s'engageait irrévocablement au service des autels.

Est-il besoin de dire l'impression que produisit sur lui cette ordination, la première qui demande de perpétuels engagements ? Une âme comme la sienne, un caractère aussi sérieux que le sien avait pesé toute l'étendue des obligations qu'il allait contracter et aussi tout l'honneur de pareils engagements. Il est éperdûment épris de la beauté de cette chasteté perpétuelle à laquelle il vient de se vouer. Il en a vu toutes les splendeurs, il comprend toutes les gloires qui en peuvent rejaillir sur l'Église. « Qu'il est beau de vivre chaste au milieu de ce monde de corruption ! », s'écrie-t-il. – « Les vierges seules suivront l'Agneau. » — « La chasteté est la gloire de l'Église ; la chasteté de ses ministres fait sa vie sur la terre. » — « Que ces pensées demeurent toujours gravées dans mon cœur. »

Prières ferventes d'un jeune lévite, vous avez été écoutées, pour l'honneur du sacerdoce ; car de l'homme qui les faisait s'est toujours exhalé un parfum de vertu, qu'autour de lui on respirait avec délices ! Cette vertu capitale de prêtre, on la sentait en lui plus qu'en qui que ce fût ; cette divine auréole, oui, toujours, elle a brillamment illuminé et couronné son front auguste et respecté. Pour moi, je n'hésite, en aucune façon, à appliquer à cet homme la parole de saint Paul : « Je suis le parfum du Christ : *Christi bonus odor.* »

⸸

M. de Penfentenyo devait passer encore une année à Saint-Sulpice, avant de recevoir la prêtrise. En la commençant, le pieux séminariste se sentit plus touché que jamais de la grâce du séminaire. Il en remercie Dieu avec une effusion plus affectueuse, et on le voit se préoccuper davantage, si cela était possible, de la régularité qu'il faut apporter dans toute sa vie d'élève du sanctuaire.

Le jeune sous-diacre devait continuer à s'y former plus amplement. Il devait, dans cette dernière année, en fortifier plus sûrement l'habitude, la rendre tellement forte chez lui qu'il ne la perdrait plus. Avec une parfaite justesse de vues, il saisit l'importance de cette régularité dans la vie d'un prêtre : ce qu'elle comporte essentiellement, l'ampleur que doit avoir une règle, mais aussi la précision avec laquelle il est nécessaire que les lignes principales soient tracées.

Au moment de sortir du séminaire, nous le verrons reprendre avec soin ce règlement, le remanier avec les conseils d'un directeur qui l'apostille de quelques notes d'encouragement, l'approprier à l'existence nouvelle dans laquelle il va entrer.

Tout ce qui peut et doit être prévu l'est dans ces quelques pages que nous avons sous les yeux. Ce n'est, si l'on veut, que ce qui constitue la vie ordinaire d'un bon prêtre ; mais cela n'est-ce donc pas beaucoup ? Et à ce règlement, ce prêtre devait être absolument fidèle ; à cette régularité il ne devait jamais manquer. D'ailleurs, rien d'exagéré ni de trop minutieux ; rien d'extraordinaire ; pas de ces résolutions enthousiastes, auxquelles on ne tient pas ; encore moins rien qui sente le blâme ou la critique de qui que ce soit; mais des lignes tracées nettement, des résolutions prises avec calme, et une claire vue de ce qui peut et doit être.

Il saura, dans la suite, admettre les concessions raisonnables, faire sagement plier la règle, quand la chose sera indispensable ou même utile. Non-seulement les devoirs qu'imposera le saint ministère seront écoutés, mais les conseils d'une prudente charité seront la règle de sa conduite.

Cependant, il tiendra fermement à ce qu'il a résolu. Il aura, du reste, un moyen pour assurer la persévérance sur ce point, ce sera la retraite annuelle. L'une des choses les plus édifiantes que nous relevions en lui, c'est l'exactitude avec laquelle, à chaque retraite, il revient à l'examen de la règle qu'il s'est tracée ;

avec quelle sorte de scrupule, il note les modifications qu'il faut y apporter, pour laisser le moins possible à l'imprévu. Il n'y a pas une seule année où cela ne se retrouve, et, d'année en année, avec une plus anxieuse attention. Sous ce rapport, comme sous bien d'autres, le Curé de la Cathédrale a été un modèle.

Régulièrement levé de très bonne heure, à son prie-Dieu toujours dès 6 heures du matin, il n'arrivait pour dire la sainte messe, qu'après avoir accompli déjà les principaux exercices de piété qui fortifient la vie du prêtre. Sachant trouver, dans le cours de lajournée, le temps voulu pour l'étude, les lectures pieuses, au milieu des devoirs et des occupations que comportait l'administration des paroisses à la tête desquelles la confiance de son Évêque l'a placé ; se retrouvant à la prière à des heures aussi réglées que possible, le Curé de Saint-Corentin comme le Recteur de Saint-Mathieu, aussi bien que le Vicaire de Saint-Sauveur, sût, grâce à son esprit d'ordre, trouver toujours le temps pour tout, sans rien laisser souffrir, ni de ce que demandait son ministère, ni de ce que réclamait sa propre sanctification.

D'ailleurs, uniquement occupé de ce qu'il faisait, quelles que fussent les préoccupations étrangères qui auraient pu détourner son esprit, on le trouvait toujours *à la besogne du moment*, comme si elle eut été la seule qui réclamât ses soins.

Sacrifiant tout à son devoir, avec la plus grande simplicité, rien ne lui coûtait pour se donner à ceux que Dieu lui avait confiés. On sait, en particulier, avec quelle assiduité le Curé se retrouvait au tribunal de la pénitence, y arrivant aussitôt que pouvait le demander la commodité des pénitents, dès 6 heures du matin, y demeurant aussi tard que l'exigeaient les circonstances, parfois jusqu'à 11 heures du soir ; comment il y passait des heures, des demi-journées entières, aussi bienveillant, aussi bon, aussi aimable, à la fin de ces longues séances qu'en les commençant. Et cela, parce qu'il s'en était fait une règle absolue, voulant là, comme ailleurs, là surtout (c'est encore lui qui le remarque), n'être autre chose que le représentant de Notre-Seigneur Jésus-Christ, la figure de son Maître. En parlant de la régularité du prêtre, nous ne pouvions manquer de remarquer sur ce point, la sainte exactitude de M. de Penfentenyo.

⁂

Au mois de Décembre 1849, M. de Penfentenyo reçut l'ordre du Diaconat, et un an après, l'ordre de la Prêtrise.

Ce fut le 20 Décembre 1850 que Mgr Morlot lui imposa les mains et le consacra prêtre. Sa famille, retenue en Bretagne par la maladie d'un de ses membres, ne put assister à cette ordination. Si peu éloignée de nous que soit cette époque, le voyage de Paris demandait alors plus de temps et offrait plus de difficultés qu'aujourd'hui. Le jeune homme n'avait donc qu'une seule parente à être témoin de son bonheur ; mais la veille de son ordination il avait adressé à son père et à sa mère une admirable lettre conservée comme un vrai trésor de famille. Il y parlait de son sacerdoce avec le cœur brûlant d'un apôtre, et il en parlait à ses parents avec l'amour et le respect d'un fils.

De véritables élans de reconnaissance, pleins de feu et de tendresse pour Dieu, une sorte de sainte stupéfaction devant la grandeur qui vient de lui être communiquée, se retrouvent dans ses notes. D'abord il ne trouve que ce mot : « *Je suis prêtre.* » Il l'écrit en gros caractères au milieu d'une page et ne peut le faire suivre que de ces paroles : « *Magnificat : Mon Dieu, je me tais, je crois, j'adore !* »

Puis, peu à peu, quand son âme devient plus calme, il se retrace à lui-même les gloires du sacerdoce : par dessus tout, il s'énumère, avec vigueur, les vertus qu'il devra pratiquer, les devoirs du prêtre, tant au point de vue de l'obéissance et de la recherche des emplois les plus humbles que pour l'exercice des plus saintes fonctions du ministère. On le voit adapter avec une précision remarquable à ses besoins personnels les principales recommandations du séminaire, et tracer le règlement dont j'ai parlé plus haut, comme sauvegarde de la sainteté de sa vocation et la plus sûre garantie pour ne pas déchoir de la ferveur de son ordination.

Sa première messe fut dite le 22 Décembre 1850, en présence encore de cette seule parente qui assistait à son ordination. Cependant il y avait là, l'assistant à l'autel, un jeune officier, ami de collège, qui était venu souvent au parloir de Saint-Sulpice pendat qu'Alphonse de Penfentenyo était au séminaire. On nous rapporte que le jeune prêtre eut en vue, pendant sa messe, l'un des dangers les plus grands pour un homme de foi dans l'armée. Ne voit-on pas trop souvent l'officier chrétien, pressé par de terribles circonstances, céder au point d'honneur et se servir, dans de criminels combats, d'armes qui ne devraient servir que contre les ennemis de la Patrie. Alphonse demanda pour son ami la grâce que jamais il ne se battît en duel.

L'officier a vieilli lui aussi, et, il y a peu de temps encore, rappelait à la famille de M. de Penfentenyo que bien des fois, dans sa carrière militaire, il s'était trouvé dans des circonstances difficiles qui eussent pu l'amener sur le terrain, mais que toujours la Providence l'avait tiré d'embarras.

On aime à rapprocher de cet aveu la demande qu'un jeune prêtre, célébrant pour la première fois le divin sacrifice, faisait pour un soldat chrétien.

†

Quelques jours après son ordination, le jeune de Penfentenyo revenait à Kervéréguin et célébrait la messe au milieu de sa famille, heureuse de le posséder, et bénissant Dieu des grâces répandues sur l'enfant de sa prédilection.

Le désir du jeune prêtre eut été d'entrer aussitôt dans le ministère paroissial. Mais pendant toutes ses études, la légère teinture qu'il avait du Breton, avait à peu près disparu. Il lui était impossible d'exercer le ministère en langue bretonne. Or, le ministère dans le diocèse de Quimper, de quelque côté qu'on le regarde, réclame impérieusement la connaissance et l'usage de cette langue. Il dut donc se mettre à l'œuvre. Ce ne fut pas long. Son père, qui possédait parfaitement le Breton, consentit à redevenir son maître. Pendant plusieurs semaines, faisant trève à toute autre occupation, ils se retirèrent en tête-à-tête pour ne parler que Breton. L'énergie de l'abbé de Penfentenyo, se montra ici tout entière. Causeries en breton, lecture et traduction de la Vie des saints, catéchismes bretons, rien ne fut épargné, si bien que bientôt il put venir se mettre à la disposition de l'Évêque pour le saint ministère.

Mgr Graveran, le nomma vicaire à Plabennec. Le jeune prêtre put aussitôt se mettre à la besogne, le Breton ne le gênait plus, et ce fut avec joie qu'à la fête suivante de la Sainte-Vierge, jour où se célébrait la fête patronale de la chapelle du château, on le revit à Loctudy s'exprimer du haut de la chaire, avec aisance et facilité, dans la vieille langue de nos pères.

Nous avons dû, en parcourant la vie du jeune homme et du séminariste, relever bien des traits du caractère de cette âme vraiment sacerdotale. Nous n'avons plus qu'à suivre le prêtre dans l'accomplissement de son ministère sur les trois théâtres principaux où il a dû s'exercer : Recouvrance, Saint-

Mathieu, Saint-Corentin de Quimper. Nous y verrons surtout son zèle pour le salut des âmes, et comment, avec les qualités que nous avons déjà remarquées, il sut totalement se donner et vraiment être le bon pasteur.

⁂

Dans sa magnifique oraison funèbre de Monseigneur Lamarche, Monseigneur d'Hulst caractérisait ainsi le rôle du prêtre :

« C'est une histoire monotone que celle dont le « cadre renferme les actions simples et sans éclat « par où se révèle dans l'Église la présence de Celui « qui le premier a jeté dans le monde ce cri d'amour : « *Misereor super turbam.* Déjà le prophète avait « signalé dans la personne même du Sauveur, le « caractère modeste de bienfaisance qui devait se « trouver dans les continuateurs de l'œuvre rédemp- « trice : on n'entendra pas au dehors les éclats de sa « voix, il n'achèvera pas le roseau à demi brisé, ou « n'éteindra pas la mèche qui fume encore.

« Quand le pasteur est à son devoir, c'est à peine « si le monde s'en aperçoit : qu'il disparaisse et vous « verrez le vide laissé par son absence. C'est alors « que les roseaux à demi-rompus, c'est-à-dire les « âmes faibles, atteintes par la douleur ou meurtries « par le péché, achèveront de se briser : c'est alors « que s'éteindra dans le cœur de l'enfant ou du vieil- » lard la lueur tremblante de la foi, la flamme vacil- « lante de l'espérance. »

Nous nous permettrons d'appliquer ces paroles à M. de Penfentenyo. Dans ce ministère que nous avons à suivre, quelque rempli qu'il ait été, nous n'aurons pas à relater de choses extraordinaires. Nous ne faisons pas de difficulté de l'avouer : M. de Penfentenyo n'a pas été illustre au point d'attirer sur lui l'attention. Sa modestie l'a fait passer tranquille et presqu'inaperçu. Et cependant quand il est venu inopinément à disparaître, quand la mort l'a soudainement saisi, quel vide il a laissé !

Ce n'est pas seulement sa famille qui a ressenti le coup terrible la privant de sa meilleure affection ; mais toute une ville l'a pleuré, et de quelles larmes ! On a compris que ce prêtre modeste était l'âme de grandes choses ; d'universels regrets poursuivront sa mémoire. Une sorte de consternation s'est emparée de tous les prêtres ses amis, et sa mort a pris, pour tout un diocèse, la proportion d'une sorte de deuil public.

D'ailleurs, les roseaux à demi-brisés n'ont-ils pas craint à ce moment de se voir achever, et la flamme vacillante de l'espérance n'a-t-elle pas menacé de s'éteindre ! Bien des faibles, en effet, ne se sont-ils pas sentis sans secours quand ce prêtre n'était plus ? Combien de pauvres, au moment de sa mort, se sont demandé d'où leur viendrait le pain du lendemain ! C'est du moins ce que nous fait conjecturer cette petite carte déposée à ses pieds, hommage de reconnaissance pour des bienfaits aussi discrets que généreux ; et c'est ce que nous conclurons avec certitude du cri de cet enfant à qui sa mère, en larmes, annonçait la mort du bon pasteur : « Oh ! maman, qu'allons-nous devenir ! C'est lui qui nous donnait du pain. »

M. de Penfentenyo ne resta que peu de temps vicaire à Plabennec, juste assez pour le perfectionner dans la langue bretonne. En 1853, il était nommé vicaire à Saint-Sauveur de Brest, importante paroisse de vingt mille habitants. Il devait y travailler pendant plus de dix ans et s'y préparer à prendre ensuite lui-même le gouvernement et l'administration de la paroisse de Saint-Mathieu, puis de Saint-Corentin.

En arrivant à Recouvrance, M. de Penfentenyo y trouva des confrères pleins de zèle et de bonne humeur, et participa de tout cœur à la vie commune de cet excellent presbytère. La meilleure union régnait là parmi les vicaires entre eux, et avec leur curé. Si la besogne de cette immense paroisse était souvent absorbante, on reprenait des forces dans une vie commune pleine d'entrain et de la plus franche cordialité.

Mais surtout M. de Penfentenyo rencontra là un curé, sur les traces duquel il s'efforça de marcher toute sa vie et sur le modèle duquel il se forma lui-même à l'administrarion et à l'exercice du saint ministère.

Ce curé était le vénérable et saint M. Quéinnec, dont le nom est loin d'être oublié dans le diocèse, et demeure vivant, surtout à Recouvrance, bien qu'il y ait déjà quinze ans qu'il en ait disparu.

Tel fut le respect et telle l'affection que M. de Penfentenyo voua à son curé, telle l'estime qu'il conçut pour lui, que parmi les grâces dont il veut spécialement remercier Dieu, au moment de sa mort, comme étant les plus précieuses qui lui aient été accordées, il mettra celle d'avoir vécu avec M. Quéinnec et sous sa direction. « Je remercie Dieu, écrit-il dans son testament, de m'avoir donné un Curé tel que M. Quéinnec. »

Le curé, nous le savons, rendait bien au vicaire l'affection que celui-ci avait pour son supérieur, et une amitié basée sur une mutuelle estime exista toujours entre eux. Ces deux hommes au reste, étaient faits pour s'entendre, et, malgré des divergences dans la nature et le caractère, avaient cependant biendes points de ressemblance.

Tous deux avaient été formés à Saint-Sulpice, et portaient dans leurs âmes le même amour de Dieu et le même zèle sacerdotal. Ils avaient puisé à la même école, le même souci de leur dignité de prêtre. Dans la conduite de la vie, ils devaient avoir le respect des âmes, poussé jusqu'au plus haut point. Jamais rien de violent dans leur ministère. Nous nous souviendrions, bien volontiers ici, de quelques traits des plus saisissants du ministère de M. Quéinnec. Nous pourrions surtout rappeler la sainte patience avec laquelle il attendait les âmes, et aussi les délicatesses qu'il savait employer pour saisir l'heure de Dieu.

Mêmes ménagements, mêmes délicatesses, même savoir-faire chez M. de Penfentenyo. Comme le Curé de Recouvrance, celui de la Cathédrale arrivait à son heure, et était le bien venu. Ils sont nombreux ceux que, dans le cours de leur ministère, ils ont su ramener au bon Dieu, par un zèle exercé avec une sainte prudence et une délicatesse, dont ceux qui en ont été l'objet n'ont souvent pu parler que les larmes aux yeux. On comprend qu'ici, nous jetions le voile sur certains secrets, qui, pour nous avoir été révélés, n'en restent pas moins les secrets du bon Dieu.

L'un et l'autre devaient avoir l'amour du devoir poussé à ses dernières limites. Chez le Curé, comme chez le Vicaire, une apparente froideur cachait un cœur plein de la plus grande charité, charité qui devait s'épanouir surtout dans l'amour des pauvres, des jeunes gens, des enfants, et qui devait susciter, chez l'un comme chez l'autre, les dons les plus généreux et les sacrifices les plus réels aussi bien que les plus constants. Les œuvres aimées par l'un, devaient être celles que l'autre aurait poursuivies pendant toute sa carrière.

⁂

Si l'on étudie bien le ministère de M. de Penfentenyo, il fut toujours l'élève de M. Quéinnec. Dans la direction des paroisses qui lui seront confiées, ce sera la même méthode, le même esprit de suite, le même souci de n'établir rien que sur des bases solides, le même soin de ne pas s'éblouir soi-même par des succès factices, qui ne laissent pas de traces. L'élève aura peut-être ici, nous ne dirons pas plus d'initiative que le maître, mais plus d'empressement ou un peu moins d'hésitation dans l'entreprise. Il voudra aller un peu plus vite; mais il aura appris du maître que les mûres réflexions doivent précéder la marche en avant. Il aura surtout appris que, dans l'œuvre sacerdotale, le bien réel et sérieux est celui qui se fait lentement, sagement, où l'on fait pousser à l'arbre de profondes racines, avant de le faire paraître à l'extérieur et d'en montrer le fruit.

C'est pour cela, que les œuvres de l'un et de l'autre seront durables. Rien de solide comme les œuvres établies à Recouvrance par M. Quéinnec ; rien de bien fait pour durer comme celles de M. de Penfentenyo.

Chez l'un, pas plus que chez l'autre, nulle recherche de popularité ; mais le devoir accompli constamment avec une extraordinaire conscience des responsabilités du prêtre, une élévation de sentiments qui plane au-dessus de l'opinion, et va droit son chemin, par la seule pensée des jugements de Dieu, dont ils sont l'un et l'autre plus pénétrés que le commun.

Chez tous deux, un esprit droit et juste, peut-être plus brillant et plus profond quand il s'agit des questions théoriques chez le maître que chez l'élève; mais le même sens pratique, la même vue du bien, et le plus souvent la même manière de l'accomplir. Pour tous deux aussi, en dépit du peu de considération qu'ils eurent pour la popularité, la même affection, le même respect et la même estime de la part de tous ceux avec lesquels ils ont été en contact : pour tous deux, les mêmes sentiments d'unanimes regrets.

Brillant élève du séminaire de Quimper, non moins brillant à Saint-Sulpice, déjà remarqué pendant son séjour dans ces deux maisons, par la vigueur de son intelligence, aussi bien que par la force de son caractère, M. Quéinnec avait dû à l'ensemble des remarquables qualités qu'il possédait, d'être appelé jeune encore, à la direction de cette paroisse de Saint-Sauveur de Brest. Il avait à peine quarante ans quand Mgr Graveran le mettait à la tête de ces 20,000 paroissiens, parmi lesquels le zèle sacerdotal pouvait si bien se donner carrière, au milieu d'une population surtout ouvrière, dans le sein de laquelle se rencontraient tant de besoins.

Il y apportait l'amour passionné de son devoir, le désir immense du bien, une volonté disposée à tout pour l'accomplir, une vigueur de caractère allant à son but avec poids et mesure, si bien qu'on a pu parfois lui reprocher un peu de lenteur ; mais un remarquable esprit de suite ; par dessus tout, les qualités d'un saint prêtre, l'austère vertu sacerdotale, imposant à tous le respect, d'autant plus qu'elle était animée par la plus ardente comme la plus discrète charité.

C'est à cette école, et dans le sentiment de confiance respectueuse qu'il eut pour son curé, que se forma M. de Penfentenyo. Ses sentiments de gratitude pour M. Quéinnec sont suffisamment connus. Il arriva à Recouvrance peu de temps seulement après lui et y fut l'un de ses meilleurs collaborateurs.

La besogne fut vite considérable pour le jeune vicaire. Un prêtre d'une pareille dignité, d'une semblable réserve, et qui laissait échapper un tel parfum de vertu, ne pouvait manquer d'attirer vite à lui. « Ma besogne devient de plus en plus lourde, écrit-il en 1857 ; je ne puis guère en faire davantage ; puissé-je ne travailler que pour Dieu ! »

D'ailleurs, rien d'extraordinaire dans ce ministère ; mais l'exemple de la sainteté, du devoir, de la régularité la plus parfaite, de la réserve et du savoir-faire en toutes choses. Catéchismes, instructions, soins des malades, n'importe où on le rencontrait, on sentait que le jeune prêtre était tout entier à son devoir, poursuivi par le plus vif désir de l'oubli de soi-même et la passion du bien.

⁂

Une des choses que M. de Penfentenyo développa en lui d'une manière bien remarquable à l'école de M. Quéinnec, fut l'amour de l'enfance et des jeunes gens. Ceux qui l'ont connu à Recouvrance se souviennent avec quel tact M. de Penfentenyo savait attirer à lui les jeunes gens, tantôt par un bon livre, tantôt par une prévenance, d'autres fois par un service rendu à la famille ; et les jeunes gens s'attachaient facilement à ce prêtre.

Les relations établies ainsi ne furent pas éphémères. M. de Penfentenyo suivit toujours avec intérêt, dans leur carrière, les enfants qu'il avait vu élever, qu'il avait connus sur les bancs des catéchismes. Que de fois nous l'avons entendu repasser tous ces souvenirs ; et, avec quelle joie, son cœur, comme sa maison, s'ouvrait pour recevoir ceux qu'il aimait si bien à appeler ses enfants.

Que si l'un d'entre eux venait à s'écarter du bien, le prêtre sentait ici toute l'amertume de ces chutes ;

mais jamais il ne voulait désespérer. Quelle joie surtout quand il pouvait retrouver le prodigue au bercail ! Qu'on nous pardonne de trahir encore le secret de ses notes intimes. Mais l'un de ses enfants de prédilection lui donna un jour des soucis assez grands. Déjà avancé en âge, le Curé le retrouve dans une maison religieuse dont il est devenu l'enfant et le modèle. M. de Penfentenyo était venu là pour chercher d'anciens amis, se repaître de ces douces joies que son cœur comprenait si bien. Mais dès qu'il retrouve son enfant, tout est oublié. Il n'est plus qu'à la joie de revoir ce jeune homme. « J'ai vu tel et tel, écrit-il ; mais surtout j'ai retrouvé avec un véritable bonheur un de mes anciens enfants.... »

Cet amour de la jeunesse devait suivre chez M. de Penfentenyo le même courant, venir s'épanouir dans les mêmes œuvres que chez M. Quéinnec, et par dessus tout, dans l'œuvre des vocations ecclésiastiques.

On nous en voudrait beaucoup, et à juste titre, si nous ne nous arrêtions pas à considérer l'Archiprêtre de Quimper, à ce point de vue.

Dès les premières années de son sacerdoce, M. de Penfentenyo crut qu'il ne pourrait mieux rendre grâces à Dieu de la faveur dont il avait été lui-même l'objet, qu'en procurant à la sainte Église des prêtres qui fussent dignes d'Elle. Cette œuvre, fut son œuvre de prédilection, à Saint-Sauveur, comme à Saint-Mathieu et à Saint-Corentin. Combien lui doivent la gloire du sacerdoce! Sa couronne est ici véritablement brillante: elle l'est par le nombre de prêtres, et elle l'est par leur choix.

Avec un rare bonheur, ce prêtre a su deviner les vocations sacerdotales, prendre dans les catéchismes, au sein de familles chrétiennes, les enfants que Dieu avait marqués de sa prédilection. Sans contredit aucun, c'est là son grand honneur. Il a donné des prêtres à l'Église.

Mais avec quelle pieuse affection il resta toujours le père de ceux qu'il avait aussi poussés au saint autel. Ne croyez pas que ce soit un simple secours matériel, abondamment donné pour soutenir les études, qui suffira à son zèle et à sa sollicitude. Le Recteur de Saint-Mathieu, comme le Curé de Saint-Corentin, sera toujours l'ami le plus constant de ses séminaristes. Sa maison sera la leur et si sa maison se trouve trop petite, le Recteur de Saint-Mathieu trouvera moyen d'augmenter le logement pour que ses séminaristes y trouvent de la place.

Pour lui, ces jeunes gens-là, c'est sa famille ! S'il veut travailler par ses exemples à les former à la dignité du prêtre, il laissera pour eux son cœur déborder d'affection. Et plus tard, quand ils auront reçu l'onction sacerdotale, avec quel empressement il les recevra encore, comme il saura toujours les attirer à lui ! Il semble qu'ils auront tous droits auprès de lui, et ce sera avec ces jeunes prêtres qu'il passera le plus volontiers le temps dont il pourra disposer, qu'il trouvera ses meilleurs moments.

Aussi avec quelle gratitude ceux-ci lui resteront fidèles, avec quelle joie, quelle confiance, quel doux laisser-aller, ils reviendront se serrer autour de celui dont ils sentent si bien l'affection et le cœur ! Que si, parfois, quelques difficultés, quelques peines, quelques très dures souffrances se rencontrent pour eux, ils pourront toujonrs revenir : ils seront certains de trouver un père, un ami dont le dévouement ne saura pas tarir, de rencontrer en lui l'appui le plus ferme et le plus sûr.

Que si l'un d'entre eux éprouve une joie, le Curé en prend sa part : mais si l'un d'entre eux se trouve à avoir dans son ministère quelques succès de bon aloi, à être l'objet de quelque distinction méritée, oh ! alors c'est un vrai triomphe pour le Curé de Saint-Corentin.

Ne pensez pas pourtant que ce prêtre fasse le

moins du monde état de ses anciens bienfaits pour tenir à distance ceux qu'il a aidés à s'élever. Nullement, et en aucune façon. Quand ses enfants grandissent, son affection, vraiment toute paternelle, prend un autre caractère. Elle devient toute confiante, il s'établit je ne sais quelle sorte d'égalité, où le respect n'a rien à perdre ; et celui qui était le père, dont la supériorité se remarquait d'abord, devient le plus confiant et le plus communicatif des amis.

Nous pourrions appuyer ce que nous venons de dire de plusieurs faits, rappeler différentes circonstances de sa vie qui nous le révéleraient tel. Mais il faudrait entrer dans des détails qui dépassent le cadre de ce travail. Nous préférons, si notre éloge ici a paru trop grand, laisser le soin de nous démentir, à ceux qui forment *la couronne sacerdotale* de M. de Penfentenyo. Nous sommes persuadé qu'ils diront que nous n'avons été qu'un écho trop pâle et bien affaibli de leur gratitude et de leur reconnaissance.

***

Nous l'avons dit, on ne rencontre guère d'actions éclatantes dans le ministère de M. de Penfentenyo à Recouvrance. Ce fut le ministère d'un de ces hommes qui laissent après lui une réputation dont le souvenir ne s'efface pas, et un parfum de sainteté qui atteint les plus indifférents.

Ce n'est pas cependant, qu'on le sache bien, qu'il n'y ait pas eu là souvent l'occasion d'actes, sinon héroïques, tout au moins de très grande vertu.

M. de Penfentenyo connut particulièrement à Recouvrance, deux moments dans lesquels le ministère fut extraordinairement pénible. Il venait à peine d'arriver dans cette paroisse, quand éclata une épidémie de variole.

On ne saurait dire la répugnance qu'il éprouvait pour cette terrible maladie. Rien cependant ne l'empêcha d'être constamment à son poste, auprès des malades, sans rien laisser voir des terreurs qu'il éprouvait.

Un jour pourtant, on l'appelle auprès d'une pauvre femme affreusement défigurée par l'horrible maladie. Tel était l'état de cette malade que les organes de la face, avaient pour ainsi dire disparu et que la tête et la figure ne formaient plus qu'une plaie hideuse, un amas de corruption. Il fallait donner l'Extrême-Onction. Le jeune vicaire ressentit tout d'abord une telle horreur, il eut une telle peur de la maladie, qu'il hésita un moment et se disposait à faire les onctions au moyen d'une spatule. Mais la grâce eut bientôt triomphé de la nature, il ne vit là qu'une occasion de se vaincre et aussi d'attirer des grâces plus abondantes sur l'âme de la personne qui allait mourir, et, bravement, sans que personne ne se fût aperçu des combats qui s'étaient livrés en lui, il enfonça les doigts dans cette pourriture pour faire toutes les onctions prescrites par le rituel.

Cependant la commotion avait été trop forte : quelques jours après, le jeune prêtre était obligé de s'aliter, atteint lui-même par la maladie. Dieu permit qu'elle ne fut pas très sérieuse. Il la soigna tout juste le temps indispensable, et avant que l'épidémie n'eut cessé ses ravages, on le retrouvait aguerri, au chevet des malades et des mourants.

✝

L'année suivante ce fut le choléra qui décima la population de Recouvrance. Le fléau fut littéralement terrible. Le service paroissial devint tellement pénible que trois prêtres sur six succombèrent à la fatigue et durent s'aliter. La besogne retombait donc tout entière sur les trois qui demeurèrent valides. M. de Penfentenyo était de ce nombre. Cependant lui aussi allait succomber, quand un prêtre, de ses amis, pouvant disposer de quelques jours, arriva chez lui et l'obligea rigoureusement à prendre un peu de repos. Il en était temps; des remèdes énergiques furent nécessaires pour remettre sa constitution ébranlée. Pour lui, jamais il ne parla de sa fatigue ; ce ne fut que longtemps après que l'on connut ce détail dans sa famille, par le prêtre même qui l'avait remplacé.

Ce ministère devait porter ses fruits et laisser ses souvenirs. Aujourd'hui encore, après trente ans de distance, le nom du vicaire n'est pas oublié à Recouvrance. On en parle toujours avec une affection mêlée de respect, comme on parle de ceux qui ont passé en faisant le bien. C'est un de ceux qui ont réalisé la parole : « Je vous ai placés afin que vous alliez, que vous fassiez le bien et que le fruit en demeure. »

Sans doute beaucoup de ceux qu'il connut alors ont disparu aujourd'hui. Quels vides ne s'opèrent pas pendant trente ans ! Mais les pères et les mères ont appris aux enfants le nom de celui qu'ils ont connu et respecté et, dans toutes les classes, les familles qu'il connut autrefois ont gardé son souvenir.

†

Bien souvent, dans le cours de ce ministère, son âme déborda de joie, en ramenant à Dieu des âmes qui semblaient plus éloignées que les autres. C'est un bonheur que Dieu lui réserva à différentes reprises dans le cours de sa carrière sacerdotale. On sait assez comment plusieurs sont venus à lui pour lui ouvrir leur âme, quand Dieu marquait l'heure de leur conversion. A Saint-Mathieu, comme à Saint-Corentin, le pasteur semblait tout désigné à la confiance, particulièrement de ceux-là.

Faut-il révéler ici une de ces heures de suprême

jouissance pour le prêtre, qu'Alphonse de Penfentenyo goûta pendant qu'il était vicaire à Saint-Sauveur ?

Il était encore assez jeune prêtre. L'un de ses parents allait bientôt paraître devant Dieu. Imbu de principes voltairiens, le malade refusait de revenir à Dieu et demeurait rebelle aux pieuses instances de sa famille. On put cependant, le faire souvenir qu'un jour devant une sœur à l'agonie, il avait promis de mourir en chrétien. Mais il écartait, à peu près systématiquement, tous les prêtres dont on lui citait le nom. On lui demanda enfin, si une visite de l'abbé Alphonse lui serait agréable. « Oui, répondit-il, et comme il m'a toujours édifié, c'est à lui que j'ouvrirai mon âme. » Bientôt le jeune prêtre se trouvait au chevet du malade, et quand il le quitta, celui-ci était transformé. Pour l'abbé de Penfentenyo, il rayonnait, affirmant qu'il venait de goûter la plus douce joie de son ministère.

⚜

Esclave de son devoir, M. de Penfentenyo sut toujours lui sacrifier les plus légitimes jouissances que pourrait procurer la famille. Il passa véritablement libre, à ce sujet, de toute préoccupation. Il avait admirablement compris cette parole de Notre-Seigneur : « Ne faut-il pas que je m'occupe des choses de mon Père ! »

Néanmoins, il savait, en temps opportun, venir témoigner là toute l'affection dont son cœur était rempli pour les siens. Au moment du malheur ou de la joie extraordinaire, il viendra prendre sa part du deuil ou des satisfactions de sa famille. C'est ainsi qu'il accourt aussitôt près des siens désolés de la mort de l'aïeule, et que lui, l'enfant préféré de cette aïeule, relèvera le courage et séchera les larmes des siens. Il sera parmi eux, au chevet de sa mère ou de son père mourants. Aucun des grands actes qui se passent dans la famille, ne le trouvera indifférent. Les plus longs voyages seront effectués, sans hésitation, pour qu'on ait la joie de recevoir de ses mains, la bénédiction qui unit, sous l'œil de Dieu, les époux chrétiens.

Par dessus tout, s'il y a quelque chose qui intéresse la gloire de Dieu, on le trouvera prêt. C'est ainsi qu'il voudra en 1859, aller lui-même, conduire à Conflans, une sœur dont la vocation avait éprouvé certaines résistances, et qu'on le reverra revenir deux ans après, la consacrer définitivement à Dieu. Dans toutes ces circonstances, il trouvera quelques paroles, dans lesquelles se verront à la fois, l'amour de Dieu, le soin de son sacerdoce qui le fait un apôtre, et les ardentes affections de la famille. Nous avons sous les yeux notamment, le discours qu'il prononça pour la profession de sa sœur, discours qu'une pieuse reconnaissance a religieusement conservé : « L'époux « de votre choix, dira-t-il, veut être aimé et servi en « Dieu, mais il sait aussi récompenser en Dieu. » Puis cherchant quelle peut être la nature de cette récompense divine, il l'a fait voir dans l'abnégation, la mortification, la croix, et aussi dans l'immense paix qui sera dans l'âme le fruit de son sacrifice. Oh ! « s'écrie-t-il, que dire des grâces intimes que Dieu « prodigue à ses épouses ! S'il nous était permis de « lire dans les consciences que le péché n'obscurcit « jamais, que de merveilles s'étaleraient à nos yeux ! « Mais pour parler de ces oraisons sublimes, de ces « états de l'âme transformée en Dieu, de tous ces « biens invisibles que l'époux divin communique à « son épouse, il nous faudrait le langage d'un ange, « et le cœur d'un séraphin. Mais la grâce a ses mys- « tères, aussi bien que la foi, respectons-les, ne sou- « levons pas ces voiles, laissons Dieu distribuer ses « dons comme il lui plaît. » Oui, qu'on le sache bien, ce prêtre comprenait ce que doivent être les affections de la famille, et s'il avait entendu que celui qui a été choisi de Dieu, doit lui appartenir tout entier, si bien que tout doit être sacrifié par lui à sa famille spirituelle, il savait aussi le rôle bienfaisant du prêtre près des siens. Il n'ignorait pas que si la grâce doit élever la nature, au point de la sacrifier bien souvent, elle n'étouffe jamais les nobles affections dont Dieu a pétri le cœur de l'homme. Prêtre, il est permis d'être fils, d'être frère ; mais il faut toujours l'être pour Dieu et selon Dieu, mettant avant toute chose le devoir du sacerdoce. C'est ce qu'il a toujours compris d'une manière excellente.

⁂

Un prêtre de la trempe de M. de Penfentenyo devait attirer de bonne heure l'attention de l'Administration diocésaine. Si des qualités transcendantales ne le distinguaient pas de ses confrères, le rare ensemble de qualités qu'on rencontrait en lui, en faisait un prêtre du premier mérite et devaient l'amener encore jeune à la tête d'une paroisse importante.

Il n'y avait encore que treize ans qu'il était prêtre, quand la confiance de Monseigneur Sergent le mit à la tête de la paroisse de Saint-Mathieu de

Quimper. C'est dans cette ville de Quimper que M. de Penfentenyo devait exercer le saint ministère, jusqu'à la fin de sa vie, comme Recteur de Saint-Mathieu, comme Chanoine titulaire et Curé-Archiprêtre de Saint-Corentin.

Nous n'aurons évidemment pas à faire de grandes distinctions entre ces différents postes ; ce sera toujours le même homme, le même prêtre, le même dévouement, les mêmes vertus et les mêmes qualités ; amour des âmes, amour des pauvres, zèle pour les œuvres, amour de la maison de Dieu, voilà ce que nous trouverons toujours.

Dans ce long ministère de Quimper (1862-1892), M. de Penfentenyo rencontra la confiance dans toutes les classes de la Société, car c'est du reste à toutes qu'il voulait se donner. Ses conseils furent toujours ceux de la prudence. Ils étaient marqués au coin du plus pur bon sens et portaient l'empreinte d'une véritable sagesse. C'était avec une discrétion parfaite, avec un ensemble de fermeté et de condescendance, qu'il sut conduire toujours ceux qui eurent recours à sa direction.

Dans le poste élevé d'Archiprêtre de la Cathédrale surtout, M. de Penfentenyo devint le directeur de nombreux prêtres, qui rencontrèrent en lui le conseiller le plus sage, le guide le plus sûr et l'ami le plus dévoué.

⸸

L'abbé de Penfentenyo arriva à Saint-Mathieu gravement et profondément pénétré des devoirs du pasteur d'une paroisse. Il comprit que c'était une famille spirituelle qui lui était donnée, et on ne tarda pas à sentir le bienfait de sa présence dans cette population. La plus vive sympathie accueillit ce prêtre dont le nom était connu, et dont la famille jouissait si bien de l'estime dans la ville même de Quimper.

Sous sa direction ferme et éclairée, il y eut dans la paroisse comme un regain de vie surnaturelle. Rien ne fut épargné d'ailleurs, pour la maintenir et pour la développer : prédications extraordinaires, fêtes religieuses célébrées avec une splendeur inaccoutumée, chants religieux, appels pressants pour réunir ses ouailles autour de l'autel paroissial, œuvres de zèle, établies avec une mesure et un tact parfaits, dans le but de faire aimer l'église paroissiale, d'y former un noyau de piété solide, autour duquel on viendrait ensuite se grouper. Tout cela fut constamment exécuté par lui, avec un zèle au dessus de tout éloge.

Le Recteur sut faire à Saint-Mathieu, ce qu'il fera plus tard à Saint-Corentin. On sentira partout sa bienfaisante influence. On ne le rencontrera, pour ainsi dire, nulle part, et il sera partout. On ne verra pas son action, et on sentira partout sa main qui gouverne et conduit. Ses auxiliaires s'identifieront avec lui. Laissant, dans une large mesure, la part voulue à leur initiative, le Recteur saura animer leur zèle, et par son exemple et son savoir-faire, leur montrer la route qu'il faut suivre pour faire le bien avec sûreté et discrétion.

Ayant toujours une idée nette du but qu'il poursuit, le pasteur saura toujours y atteindre. La vie circulera partout. C'est bien le mot : la paroisse de Saint-Mathieu, comme plus tard celle de Saint-Corentin, seront des paroisses vivantes. Elles auront vraiment une tête et un cœur ; la tête et le cœur de leur Recteur ou de leur Archiprêtre. Nul ne sera oublié, il voudra que la paroisse toute entière sente la bienfaisante action du prêtre. Tous ses paroissiens le connaîtront ; c'est le pasteur de tous.

D'ailleurs, pour se les attacher tous, son zèle lui suggérera les meilleures industries, et sa foi saura trouver les meilleurs moyens. C'est ainsi qu'on verra, au jour des processions de la Fête-Dieu, les quartiers les plus pauvres, un peu oubliés jusque là, recevoir le Dieu de l'Eucharistie, et ce sera dans ces quartiers pauvres que le Pasteur sera heureux de recevoir pour son auguste Maître, les plus beaux triomphes.

C'est une chose remarquable dans le ministère de

M. de Penfentenyo, comme il sut, après avoir demandé l'exemple à ceux de la classe élevée, intéresser les pauvres aux choses religieuses, et établir, pour la gloire de Dieu, entre eux et ceux plus riches une sainte rivalité.

Nous nous souvenons de l'avoir vu triomphant un jour. Il venait de changer le parcours d'une procession, pour la faire passer par un des quartiers les plus reculés, et où jamais encore elle ne s'était montrée. Les habitants, tous pauvres, ou à peu près, y avaient mis un réel enthousiasme ; la rue tout entière complètement lavée, disparaissait sous un tapis de verdure, les maisons étaient enguirlandées : ce fut un vrai triomphe pour Notre-Seigneur. Le curé rayonnait. « Oh ! les braves gens, disait-il, comme ils nous ont bien reçus ! » Je crois n'avoir jamais vu sur la figure de M. de Penfentenyo pareille expression de bonheur.

Son cœur d'ailleurs le portait vers les pauvres. Son âme, naturellement bienfaisante, avait compris ce que peut et doit faire le prêtre devant cette faiblesse qui s'appelle la pauvreté.

Nous trouvons dans ses notes les résolutions les plus précises à ce sujet. Nous ne trahirons pas ici les secrets que Dieu seul doit posséder. Nous manquerions à la volonté formelle de celui qui, au moment d'entrer dans le ministère, écrivait ces paroles : « J'affectionnerai surtout les enfants et les pauvres honteux, les aumônes faites à ceux-ci restant inconnues, sont plus précieuses aux yeux de Dieu. » Mais n'a-t-il pas exactement suivi la règle qu'il se traçait quand il sortait du séminaire : « Je serai tout entier à mon « prochain, abandonnant tout pour lui être utile. Je « donnerai aux pauvres tout ce qui sera possible, et « pour être plus à même de soulager les membres « souffrants de mon Sauveur, je vivrai dans la plus « grande simplicité. »

Ces mots donnent l'explication de bien des choses. Disons-le ici, et pour n'y plus revenir. S'il voulut toujours garder dans sa maison une honorable dignité, si sa demeure fut la demeure hospitalière entre toutes, il en bannit sévèrement tout ce qui put sentir le luxe ou l'excès de bien-être, et cela, pour donner sans compter. Nul ne saura jamais ce qu'il dut s'imposer à lui-même pour être généreux. Toutes les infortunes avaient droit à sa compassion ; mais sa charité allait surtout à l'aumône, qui non seulement donne le pain du moment, mais à celle qui relève, produit des résultats, régénère une famille. Sa préférence, disons-le encore, en appliquant au Curé de la Cathédrale, les paroles que Mgr d'Hulst appliquait à l'Évêque, « fut toujours pour cette charité, à la « fois plus discrète et plus large, qui soulage en se « cachant, les misères cachées, de toutes assurément

« les plus dignes de sympathie, mais aussi les plus « lourdes à secourir. »

Ce n'était pas d'ailleurs le pain matériel que sa charité aimait seulement à prodiguer, c'était encore et surtout le pain de l'éducation chrétienne. A ce sujet, aucun sacrifice ne lui coûta jamais. Une fois encore, gardons un religieux silence ; laissons les œuvres elles-mêmes faire l'éloge de celui qui n'est plus : *opera enim illorum sequuntur illos.*

L'église de Saint-Mathieu ne prêtait guère à d'amples cérémonies. Grâce au zèle et au dévouement du Recteur actuel, un des désirs que nous avons plusieurs fois entendu exprimer à l'ancien Recteur, va être réalisé. Une église nouvelle va s'élever bientôt, digne de cette belle et excellente paroisse. Mais malgré l'exiguité de la modeste église, le Pasteur sut parfois y convier à de belles fêtes, et fit tout ce qui dépendait de lui pour qu'elle parût plus digne du Maître qui l'habite.

C'est ainsi qu'il relevait la tribune pour donner plus d'éclat au jeu d'orgues, qu'il inaugurait dans son église un bel autel du Sacré-Cœur; et cette inauguration était l'occasion d'une de ces fêtes dont les paroissiens emportaient la meilleure impression.

Mais l'œuvre capitale de M. de Penfentenyo, pendant son rectorat de Saint-Mathieu, fut, en 1874, la fondation du Patronage de Saint-Joseph pour les jeunes gens et pour les apprentis. Son amour de la jeunesse, ses ardents désirs de la maintenir dans la voie du bien, en offrant à des enfants élevés chrétiennement, des moyens de persévérance, se donne ici carrière, et va aussi loin que possible.

Il est inutile de rappeler comment une âme comme la sienne était préoccupée des dangers qui entourent et entraînent le jeune homme. A cette œuvre, le Recteur se donna tout entier. Nul autre autre souci ne put l'arracher aux devoirs qu'il s'était ici imposés.

Pour mener son œuvre à bonne fin, il avait sans doute demandé des ressources, et son industrieuse charité sut en trouver beaucoup. Disons-le, — c'est du reste accomplir un devoir qu'il nous imposerait lui-même, — toutes les fois qu'il demanda, on lui donna avec générosité. A Quimper, on sait donner pour le bon Dieu. Mais il engagea ses propres ressources, sa fortune personnelle dut pourvoir à bien des choses. Nul ne s'étonnera, mais tous recevront une édification nouvelle, en apprenant que, par son testament, il voulait prendre à son compte personnel toutes les dettes qui restaient au Patronage, et ces dettes montaient encore à 5,000 francs.

Cependant ce n'est là que le côté matériel. Il est plus beau de voir le pasteur constamment occupé de ses enfants, les réunissant chaque dimanche, entremêlant les jeux d'exercices de piété, veillant constamment sur eux, donnant à propos les conseils voulus, leur procurant, chaque année, les exercices d'une retraite, s'ingéniant d'ailleurs à étudier les moyens de leur venir en aide. En parcourant ses papiers, nous avons été profondément touché de voir les études auxquelles il se livrait, à un âge relativement avancé et au milieu des soucis du ministère pastoral, pour connaître la marche des œuvres de ce genre, afin d'établir son patronage dans les meilleures conditions de succès.

C'est encore à cette époque que prit naissance le Cercle catholique de Quimper, et qu'il put être établi à Saint-Mathieu sur un terrain appartenant à M. de Penfentenyo, terrain que son testament donne encore pour cette œuvre. Le Cercle ne prit naissance que quelques années après le Patronage. Le Recteur de Saint-Mathieu voulait que la première œuvre fut solidement établie avant qu'on en commençât une seconde.

Mais dans les Comités du Cercle, avec le concours d'hommes de foi, il en préparait l'existence, et bientôt cette œuvre put se fonder. On la vit sous l'ardente direction d'un vicaire de M. de Penfentenyo, prendre promptement l'extension que l'on sait, et arriver à des résultats qui étonnent, à Quimper, ceux qui sont les plus confiants et les plus saintement audacieux.

⁂

Cependant la santé de M. de Penfentenyo s'était un peu altérée pendant les quatorze années de son minisstère à Saint-Mathieu. Il se trouva pris de rhumatismes aigus, qui, Dieu merci, ne devaient être que momentanés, et laissaient, après peu de temps, toute son activité à ce prêtre de zèle. A ce moment, une stalle se trouvait vacante au Chapitre de Quimper. Mgr Nouvel la proposa au Recteur de Saint-Mathieu, qui devient Chanoine titulaire, au mois d'Octobre 1878.

C'était un repos sans doute, mais ce n'était qu'un repos bien relatif, car le Chanoine, indépendamment des devoirs que lui imposait l'honneur de son canonicat, devoirs pour lesquels il eut toujours une grande et consciencieuse exactitude, le Chanoine continuait à s'occuper de ses œuvres, et en particulier du Patronage et de la fraternité du Tiers-Ordre qu'il avait fondée étant Recteur de Saint-Mathieu.

Les *Annales Franciscaines* rendaient compte, l'autre jour, de ce que fit M. de Penfentenyo, à propos du Tiers-Ordre. Elles rappellent comment, après avoir lui-même fait profession, en 1867, dans le Tiers-Ordre de Saint-Francois, il avait fondé, en 1871, une fraternité, qui tenait ses réunions dans la chapelle de Saint-Marc, en attendant que le Chanoine la transportât dans la chapelle des Ursulines. Elles disent comment M. de Penfentenyo donna de l'extension à cette œuvre, et ce qu'il fit pour maintenir l'esprit de Saint-François dans cette congrégation.

Nous n'avons qu'un mot à ajouter : nous avons fait remarquer l'obéissance absolue de M. de Penfentenyo à la direction donnée par le Pape. Après les encycliques et les bulles du Pape Léon XIII, un prêtre tel que lui ne pouvait manquer de saisir ce moyen de sanctification pour lui et pour ses paroissiens.

Il entrera donc le premier dans la sainte milice des enfants de Saint-François ; quand on le retrouvera ayant rendu son âme à Dieu, il portera sur la poitrine avec son scapulaire de la Sainte-Vierge et sa médaille miraculeuse, le scapulaire et le cordon du Tiers-Ordre. Et ici, comme partout, ses engagements ne sont pas lettre morte. Si l'esprit de mortification et la simplicité de la vie doivent être les qualités de ceux qui s'agrègent dans cette pieuse association, M. de Penfentenyo fut, sans contredit, un vrai fils de Saint-François.

Le Chanoine titulaire ne devait pas jouir longtemps du repos relatif de son canonicat. Au mois de Novembre 1879, la Cure de la Cathédrale devenait vacante par la mort du vénérable M. Creignou. Monseigneur Nouvel appelait M. de Penfentenyo à prendre sa succession. L'Évêque dut faire quelques instances. Le Chanoine se trouvait effrayé de la responsabilité nouvelle qu'on voulait lui imposer. Il craignait d'ailleurs que sa santé ne se soutînt pas dans un ministère aussi actif. Il fit ses observations, mais le Pontife crut heureusement ne devoir pas y accéder. Il fit appel à son dévouement, et cette corde là ne pouvait pas être touchée en vain. Au reste, le vénérable Père de Saint-Alouarn, directeur de sa conscience, fit bientôt cesser toutes ses perplexités, et M. de Penfentenyo fut désigné comme Curé de la Cathédrale, en Décembre 1879.

Des difficultés s'élevèrent du côté du Gouvernement qui refusait d'agréer la nomination épiscopale... Pour quelles raisons ?... Il est bien inutile de l'examiner. Après avoir lutté pendant plusieurs semaines, Monseigneur Nouvel se décida à installer son candidat comme administrateur de la Cure. Dans cette situation particulièrement difficile, qui devait se prolonger pendant plus d'un an, le nouvel Archiprêtre sut montrer un tact parfait, et forcer tout le monde au respect. Devant la persistance de l'Évêque, le Gouvernement céda enfin, et la nomination arriva du Ministère.

Le nouveau Curé fut dans sa nouvelle paroisse, ce qu'il avait été dans l'ancienne. Il l'anima comme il avait fait la première ; ici, plus encore qu'à Saint-Mathieu, on sentit la présence du Curé ; on vit la paroisse de la Cathédrale devenir vivante de plus en plus chaque jour.

De son ancien Curé, M. de Penfentenyo avait appris comment on administre une paroisse. Toujours le premier au poste, veillant, avec bienveillance et fermeté, à ce que tout le monde y fût ; payant toujours de sa personne ; n'imposant à qui que ce fût un fardeau qu'il n'eut porté le premier, où dont il ne partageait pas le poids ; partageant régulièrement avec ses vicaires les instructions prônales, il paraissait d'ailleurs, juste au bon moment, pour donner à ses paroissiens un avis salutaire, trouvant parfois les mots les plus heureux pour animer leur foi, fortifier leur piété, assurer le succès d'une entreprise, leur adresser un mot de cordial remerciement pour la bonne volonté qu'on avait montrée, et gagnant ainsi littéralement tout le monde. Tel fut M. de Penfentenyo à la Cathédrale.

Ce poste délicat, à cause des relations qu'il exige, des services qu'il faut combiner, de la place qu'il faut prendre et de celle qu'il faut laisser, présente des difficultés auxquelles son tact et son savoir-faire surent toujours admirablement faire face. Ferme d'ailleurs pour maintenir les réglements, sans lesquels il n'y a pas possibilité d'instituer un service paroissial sérieux, il eut bientôt tout réglé de manière à ce que tout marchât pour la plus grande gloire de Dieu et le salut des âmes.

⁂

Son zèle du reste ne fut pas plus en défaut ici que dans son précédent ministère ; au contraire, il semble avoir grandi, et son désir de faire du bien devient plus vif à mesure que les attaques contre la foi, deviennent plus passionnées.

Est-il utile de rappeler le soin donné aux enfants ;

ces confessions d'enfants appelés tous les mois, ces petites retraites organisées pour eux tous les trois mois, afin de les conduire à la Sainte-Table ? Faut-il montrer les soins anxieux du Curé pour rassembler près de lui les tout jeunes enfants et la sollicitude qu'il prend de les habituer déjà à la réception des sacrements ?...

Toutes réflexions à ce sujet seraient superflues, après ce que nous avons déjà dit.

Mais les fêtes d'enfants à la Cathédrale, si touchantes et si belles, si propres à faire du bien aux parents comme aux enfants, à qui les doit-on, sinon à M. de Penfentenyo ?

Du reste ici encore, son zèle saura atteindre tout le monde ; la prédication sera soignée d'une manière toute spéciale, elle s'adressera à tous ; les prédicateurs seront choisis avec discernement, et le Curé aura soin que toutes les catégories de personnes puissent en tirer profit. Il sait aussi bien comment on fortifie la piété des âmes ferventes, que comment on appelle les pécheurs ou les indifférents. Chaque année, indépendamment de la prédication du Carême, il trouvera le moyen de procurer à ses paroissiens le bienfait d'exercices spirituels, s'adressant tantôt à une catégorie, tantôt à une autre. Il est peu de paroisses, si même il en est dans le diocèse, où le moyen si efficace des retraites, triduum, exercices spirituels, ait été plus souvent employé, et surtout mieux employé qu'à Saint-Corentin.

†

Il est une chose à laquelle le Curé donna tous ses soins : ce furent les réunions et les instructions bretonnes à la Cathédrale. Sous son action puissante, on les vit devenir de plus en plus nombreuses, et tous ont constaté le bien qui en est résulté.

En même temps, le Curé embellissait les offices, mettait un prêtre à la tête de la maîtrise, dont les chants prenaient ce caractère qui leur attire l'admiration de tout le diocèse.

Au reste, il réussit à produire là ce qui s'était produit à Saint-Mathieu : on vit les offices mieux suivis, les communions plus fréquentes, et, même sur les jours de la semaine, les messes compter de plus en plus des assistants nombreux, en même temps que le divin Roi du Tabernacle avait constamment à ses pieds des adorateurs pieux et assidus.

Mais le Curé voulait surtout voir son église se remplir d'hommes. N'est-il pas en effet profondément triste de les voir si souvent éloignés du temple du Seigneur ! Son âme apostolique comprenait ces tristesses. Aussi fit-il tout pour les attirer. Déjà, comme Recteur de Saint-Mathieu, on l'avait vu les appeler à former à Notre-Seigneur Jésus-Christ une garde d'honneur pour les processions de la Fête-Dieu. Ses invitations allaient les chercher individuellement, et tous, ou du moins la plupart, y étaient fort sensibles, et y répondaient.

Il recommença à la Cathédrale, et il eut l'immense consolation d'être entendu. On lui doit ces magnifiques fêtes, dans lesquelles on a vu bien souvent se dérouler dans l'immense basilique les processions du Saint-Sacrement, escortées par de longues files d'hommes portant des cierges et chantant des cantiques. Dans maintes circonstances, l'Archiprêtre n'hésite pas à leur faire un appel, trouvant du reste le moyen de piquer parfois leur curiosité, pour trouver occasion d'éclairer et de réveiller leur foi. Les places de toute la grande nef, leur furent bien souvent réservées. C'est ainsi que M. de Penfentenyo inaugura à Quimper ces conférences dialoguées, dans lesquelles on vit toute la grande nef de la Cathédrale se remplir d'un immense auditoire d'hommes de toutes classes et de toutes conditions.

⁂

Cependant, une autre œuvre devait encore attirer les soins et l'attention de son zèle pastoral. Lui, qui aimait tant l'enfance et la jeunesse, allait se trouver en face des lois persécutrices de leur foi. Dire que le Curé de la Cathédrale comprit tout son devoir et l'accomplit en entier dans cette circonstance ne serait pas dire assez. — « L'avenir est bien sombre, écrit-il « en 1880, — voilà qu'on s'attaque à l'enfance, ma « position de Curé de la Cathédrale m'impose de « grands devoirs. » Dès le principe, on le trouve sur la brèche, travaillant pour la reconstruction des écoles libres, et ne se donnant ni paix ni trève, jusqu'au moment où une école libre fut élevée pour l'éducation chrétienne des enfants.

Et le Curé continuera jusqu'à la fin la lutte pour l'enseignement chrétien. On sait tout ce qui s'est fait à Quimper pour cette noble cause de la protection de l'enfant. Il est difficile de rencontrer plus de dévouements qu'il n'y en a eu là, dévouements qui peut-être attireront à leurs auteurs autre chose que de la reconnaissance, mais que Dieu a pesés et pèsera certainement dans la balance de son éternelle justice et de sa miséricorde.

Nous n'avons pas à parler de ces œuvres capitales entre toutes. Mais le Curé fut toujours là, et le premier, pour les animer, les soutenir, les aider, les entretenir et les vivifier. S'il eut dans ces œuvres des collaborateurs, on peut dire qu'il a été des premiers à l'honneur de cette tâche.

La Providence devait permettre que ce fût au sein des écoles libres qu'il remplirait les derniers actes de sa vie sacerdotale. La mort devait le saisir, pour ainsi dire, au sortir de l'une d'elles. C'est en effet, aux enfants de l'école libre de Sainte-Anne qu'il adressa ses dernières exhortations, le jour même de sa mort.

Ne serions-nous pas tentés de dire que c'était ainsi que devait mourir celui dont l'éducation chrétienne de l'enfance avait été, pendant toute sa vie, la plus sainte et la plus ardente passion.

†

Ces soins n'absorbaient pas néanmoins toute l'activité du Curé. Il n'y avait autour de lui, dans sa paroisse, nulle œuvre à laquelle il n'apportât le concours de son dévouement et la lumière de ses conseils. Conférences de Saint-Vincent-de-Paul, réunions des divers comités, fraternité du Tiers-Ordre, congrégations de la Sainte-Vierge, tout recevait de lui une impulsion forte et toujours aimable, si bien qu'on peut lui appliquer en toute justice le *disponens omnia suaviter* de l'Écriture.

En même temps, l'Archiprêtre s'occupait activement de terminer la restauration de la cathédrale de Quimper. Il voulait, à tout prix, terminer l'œuvre si magnifiquement entreprise par Mgr Sergent. C'est à lui qu'on doit, à la cathédrale, les couronnes de lumières qui décorent le chœur, l'autel de Notre-Dame de Lourdes, le reliquaire de l'autel de Saint-Corentin, celui des Trois Gouttes de Sang, les différentes statues de Notre-Dame de Lourdes, de Saint-François d'Assise, de Saint-Primel, de Saint-Michel, de Saint-Jean-Baptiste, de Sainte-Marie-Madeleine, etc.

Mais c'est surtout à lui qu'on doit la restauration de l'admirable chapelle de la Victoire : ce bijou qui termine la cathédrale, avec son autel, ses magnifiques peintures, ses vitraux de prix. Ici le Curé a dépensé toute son âme. Il le fallait bien, c'est là qu'est, à la cathédrale, le tabernacle où réside Jésus-Eucharistie !

Son amour pour la maison de Dieu pouvait, dans l'admirable basilique, se donner libre carrière, et on doit dire qu'il ne connut pas de bornes. La Providence venait toujours à son aide. Il comptait sur elle pour trouver des ressources, jamais Elle ne le trompa.

Cette foi ardente, et cette charité éclairée qui le caractérisait, était loin de cette charité judaïque qui s'élève parfois contre la décoration du temple du vrai Dieu, sous prétexte qu'on détourne les aumônes qui pourraient aller aux pauvres; comme si le Prophète ne s'était pas écrié : « Mon Dieu, j'ai aimé la beauté de votre maison : *Dilexi decorem domus tuæ* »; comme si ce n'était pas là un scrupule de pharisien dont on se sert pour dissimuler l'égoïsme ou le désir de ne rien donner !

A plusieurs reprises, dans cette église dont il aimait la splendeur, le Curé vit des jours de réels triomphes. Nous n'en rappellerons que deux. L'un date des derniers jours de Mgr Nouvel, en 1886. C'est la fête du Bras de saint Corentin. On sait comment le Curé découvrit la pieuse et insigne relique. Selon ses habitudes de prudence et de réserve, il parla peu d'abord de cette importante découverte, dont pourtant il sentait tout le prix. Il avait à cœur de restaurer à Quimper et dans le diocèse le culte de son premier évêque. En vrai enfant de la Bretagne, il aimait ses Saints, la gloire de notre vieille Armorique.

Mais s'il parla peu, il agit beaucoup. Il trouva près de lui des collaborateurs aussi dévoués que savants et, entre tous, Mgr du Marhallac'h, dont on connaît le beau travail à ce sujet. Les efforts furent couronnés de succès : l'authenticité de la relique fut invinciblement prouvée ; Mgr Nouvel la reconnut solennellement, et ordonna son intronisation à la cathédrale pour le 12 Décembre 1886, fête de saint Corentin.

On se rappelle les magnifiques fêtes qui eurent lieu à cette occasion, les splendeurs de la cathédrale, les étonnants pèlerinages qui vinrent en foule vénérer la sainte relique. On gardera longtemps à Quimper le souvenir de la procession de la relique à travers toutes les rues tendues et enguirlandées, de sa rentrée triomphale à la cathédrale aux acclamations de tout un peuple.

Toutes ces fêtes, le Curé les avait préparées, organisées ; mais aussi quelle jouissance pour son cœur ! Nous le voyons encore, le lendemain de la Saint-Corentin, en voyant son église remplie de pèlerins enthousiastes, se précipiter à l'Évêché, saisir pour ainsi dire Mgr Nouvel (qui se prêtait du reste volontiers aux désirs du Curé), l'amener précipitamment à la Cathédrale pour qu'Il répandît ses bénédictions sur cette foule de Bretons agenouillés devant la relique de saint Corentin.

Cette fête devait laisser des souvenirs : le reliquaire

de Saint-Corentin en fut la conséquence; mais elle devait perpétuer aussi la mémoire de l'Archiprêtre. Tant que la relique sera dans le riche reliquaire qui la contient, ceux qui la vénéreront reporteront sur lui leur pensée et auront pour lui un sentiment de pieuse gratitude. Le reliquaire représente, en effet, l'Archiprêtre soutenant respectueusement, j'allais dire triomphalement, la relique, en compagnie de Mgr Nouvel, Mgr Du Marhallac'h, de Mgr Guillaume Le Prestre de Lézonnet, du R. P. Jacques Dhuisseau, de Mgr Salvator, évêque de Saint-Malo.

Avoir organisé les fêtes du Bras de saint Corentin, avoir décerné au premier Évêque de Quimper, un magnifique triomphe, c'était bien, sans doute. Avoir placé sa relique en honneur, d'une manière permanente, à la Cathédrale, c'était peut-être mieux encore. Mais le Curé voulait plus que cela. On le verra promouvoir de toutes ses forces, le culte du premier Patron du diocèse ; il voudra qu'un chant populaire le fasse connaître et aimer par les enfants du peuple. Par-dessus tout, l'institution du Triduum de saint Corentin ramènera tous les ans, à la Cathédrale, des fêtes dans lesquelles les fidèles viendront entendre l'histoire et les vertus de leur saint protecteur, et par lesquelles ils raviveront, en même temps que leur foi, leur confiance en sa puissante protection.

✝

L'autre fête, à laquelle nous avons fait allusion, fut le 25e anniversaire de la définition du dogme de l'Immaculée-Conception, le 8 Décembre 1879.

L'abbé de Penfentenyo avait commencé, pour ainsi dire, son ministère sacerdotal sous les auspices de l'Immaculée-Conception. Il était tout jeune prêtre quand cette définition vint réjouir l'Église catholique. Il y trouvait, lui, comme un épanouissement de sa tendre dévotion à la Sainte-Vierge. Nous l'avons vu tout jeune homme et presqu'encore enfant, trouver ses meilleures joies dans la Congrégation du Collège, dont la présidence lui avait été confiée par le suffrage de ses camarades. Nous pourrions rappeler de nombreuses pages des notes intimes qui font foi de cette tendre piété pour Marie, ou plutôt ce seraient toutes les pages écrites au Séminaire qu'il nous faudrait citer. Il n'y en a pas une qui ne se termine par ces mots : *Tout par Marie.*

En 1854, le jeune prêtre avait assisté avec bonheur aux élans d'enthousiasme qu'il y eut pour la Sainte-Vierge. Sa paroisse, alors, avait été le théâtre d'incomparables fêtes. Au 25e anniversaire de cette définition, le Chanoine voulut que Marie reçut encore des honneurs dignes d'Elle, que les fidèles, en la glorifiant comme il convient, apprissent à l'aimer davantage, et reçussent par son intercession des grâces de dilection et de choix.

Faire triompher Marie ! Faire triompher sa Mère ! quelle joie pour un cœur comme le sien ! Mais aussi, comme il sut le faire ! Ce que fut la Cathédrale ce jour-là, ce que furent les honneurs rendus à Marie, l'enthousiasme qu'il sut mettre ou ranimer dans les cœurs des croyants, nous ne saurions essayer de le dire.

Nous n'avons pas ici à faire la description de ces fêtes. Notre devoir est simplement de les rappeler, à la gloire de celui qui sut les préparer, les organiser, et donna, ici comme partout, l'exemple de ce qui se peut faire pour la gloire de Dieu et l'honneur de Marie.

⁂

Ce ne fut pas d'ailleurs, par l'éclat donné à des fêtes isolées, que devait se manifester son amour de la Sainte-Vierge. Quelque chose de plus considérable, et aussi de plus durable et d'un plus grand effet, lui était réservé. Nous voulons parler des pèlerinages de Lourdes.

Déjà un premier essai avait été fait en 1877, et il avait complètement réussi. Mais dans cet essai n'avait été comprise qu'une partie du diocèse, et les pèlerins avaient dû aller rejoindre ceux du diocèse de Rennes.

M. de Penfentenyo, dans son brûlant amour de la Sainte-Vierge, et aussi dans son immense désir d'obtenir la protection spéciale de Marie-Immaculée pour les besoins et contre les malheurs de l'époque, crut devoir réunir tout le diocèse dans une complète, durable et périodique manifestation d'amour et de foi pour la Vierge de Lourdes.

Il avait compris ce que la foi avait à gagner dans ces pèlerinages ; ce qui résulterait de ces élans qui enverraient chaque année les Bretons à Marie; quelle sève nouvelle de vitalité chrétienne on puiserait à ce contact, pour ainsi dire sensible, avec le surnaturel, comme il arrive à Lourdes. C'est à lui que revient par dessus tout l'honneur d'avoir fondé dans notre diocèse l'œuvre des pèlerinages. Quatorze fois, il eut la joie de diriger lui-même les pieux voyageurs aux grottes de Massabielle. Oh! Marie aura bien reçu celui qui voulait, avec tant d'ardeur, lui amener ses enfants au lieu où elle avait recommandé de venir la prier.

Ici, se présente à nous un souvenir qu'on nous pardonnera bien de rappeler. Dans cette notice qui lui est consacrée, M. de Penfentenyo eût été heureux de trouver un souvenir pour un des grands travailleurs et des meilleurs collaborateurs, dans l'organisation des pèlerinages : M. J. Salaun, de Quimper, dont le dévouement et le zèle n'ont jamais fait défaut; sans compter que son entrain, sa belle humeur, mettaient une vie extraordinaire dans les pieuses caravanes.

Chose remarquable, ces deux hommes, qui dans une même œuvre, dans le désir d'un même triomphe pour la Vierge, dans les mêmes ardeurs d'un bien à obtenir, avaient associé leurs efforts, la mort les a pris tous deux d'une façon semblable. Elle les a saisis à l'improviste, et subitement enlevés. Mais tous deux étaient prêts. Et sept ans plus tard nous pouvons redire du Curé de la Cathédrale ce que nous l'avons entendu dire lui-même de son regretté ami : *Je suis tranquille, la Sainte-Vierge l'a bien reçu.*

Aux grottes de Massabielle, au pays de la Vierge, comme nous aimons à le dire, le cœur, l'âme de notre excellent Directeur, étaient pleins d'allégresse, mais sa joie débordait surtout en voyant le bonheur de ses frères. Pour lui, Lourdes, c'était un coin du ciel; et ce coin du ciel il voulait le montrer, le faire goûter pour qu'on y puisât, comme les Apôtres au Thabor, toutes les forces pour les luttes de la vie, la défense des droits du Christ et de l'Église sur la Société, la famille et plus particulièrement l'enfance.

A lui l'honneur d'avoir amené à la Sainte-Vierge les déshérités de la fortune, et surtout les déshérités du plus grand bien, la santé. Sa sollicitude pour amener des malades, des infirmes à Notre-Dame de Lourdes, tout le monde la connaît. Sa confiance résignée en ce que Marie ferait pour eux, était vraiment admirable.

Quelquefois — peu souvent cependant — la Très-Sainte Vierge manifesta sa puissance. Plusieurs dans le diocèse font néanmoins remonter jusqu'à la grotte de Lourdes, le sentiment de leur reconnaissance pour des guérisons, que les soins et les remèdes humains s'étaient trouvés impuissants à produire.

C'est sans doute beaucoup cela! Mais ce n'est peut-être rien auprès des joies et des consolations qui ont inondé les âmes, et ont soutenu ainsi les infortunes et les maladies qui n'ont pas été guéries; c'est peut-être peu à côté de la résignation mise dans les âmes appelées à conserver l'honneur de la souffrance. En tout cas, c'est assez pour qu'on garde un vif sentiment de gratitude pour l'organisateur et le directeur des pèlerinages à Notre-Dame de Lourdes.

Pour caractériser l'œuvre qu'il voulait accomplir

par eux, il suffit de citer ces paroles d'une des dernières lettres de convocation : « Lourdes est un coin « du ciel, disait-il, allons y remercier Notre-Dame « des faveurs obtenues, et lui en demander de nou- « velles. Allons dire à l'Immaculée-Conception : Nous « voulons le règne de Dieu dans nos familles, dans « nos écoles ; nous le voulons dans notre Bretagne, « dans notre France, et quoi qu'il arrive nous reste- « rons Catholiques et Bretons toujours ! »

Une fois cependant, ces fêtes de Lourdes, qui chaque année amenaient pour lui tant de douces émotions, furent l'occasion d'un vrai chagrin. Il venait d'être nommé Curé de la Cathédrale dans les circonstances que nous avons dites. Mgr Nouvel, pour des raisons qu'il lui appartenait d'apprécier, crut devoir le prier de laisser à un autre le soin de la direction du pieux voyage. Le Curé se soumit, mais avec chagrin ! Au départ, il ne put retenir ses larmes, et rentrant chez lui, quand il retrouva un instant de solitude, il se reprit à ouvrir encore le cahier où son âme s'était déjà épanchée tout entière pour y écrire ces mots : « Mon Dieu, je compte sur vous... On me défend de « conduire à Lourdes le pèlerinage de cette année, « vous savez, Vierge Marie, combien ce sacrifice « m'est dur. Offrez-le à votre divin Fils, et protégez « le pasteur et le troupeau. »

L'année suivante cependant, il pouvait reprendre

son œuvre bien-aimée et y rester fidèle jusqu'à la fin : le dernier pèlerinage le trouvait avec son Évêque aux grottes de Massabielle.

Ce ne fut pas même assez pour lui d'entraîner les fidèles aux montagnes des Pyrénées. Il voulait que ceux qui lui étaient confiés, sa famille spirituelle, pussent constamment renouveler les impressions du pèlerinage, et par ses soins s'éleva dans la Cathédrale l'autel et la grotte de Lourdes, digne pendant de l'autel de Saint-Corentin. Il perpétuera le souvenir du serviteur de Marie, comme le premier rappellera sa dévotion au premier Évêque de notre diocèse.

Avant de clore ce qui concerne les actes de M. de Penfentenyo comme Curé de Saint-Corentin, il est une autre circonstance que nous ne pouvons pas passer sous silence. C'est la fête de Saint-Ignace, le 31 Juillet 1880. Un mois auparavant, les RR. PP. Jésuites avaient été victimes de l'odieuse expulsion dont tout le monde a gardé le souvenir, et sur laquelle nous n'avons plus à donner d'appréciation.

M. de Penfentenyo avait, comme tous les honnêtes

gens, bondi d'indignation devant un pareil attentat. Il voulait témoigner aux victimes toute sa sympathie. Il les avait vus de près, durant son long ministère de Saint-Mathieu, et avait eu avec les bons Pères les meilleures et les plus cordiales relations. Aussi voulut-il que les Pères Jésuites de Quimper, privés de leur chapelle, pussent célébrer dignement la fête de leur illustre fondateur. Il vint donc, lui-même, prendre chez les Dames du Sacré-Cœur l'insigne relique de saint Ignace, que les Pères de Saint-Joseph y avaient déposée, et le soir, tous les Pères étaient réunis à la Cathédrale pour une fête solennelle. La procession du Saint-Sacrement fut présidée par le Père Saint-Alouarn, et pendant la bénédiction solennelle, les RR. PP. occupaient, à la place d'honneur, les stalles des chanoines, qui leur furent gracieusement offertes ce jour-là.

Nous mentionnons ce fait, parce qu'en même temps qu'il rappelle au sujet des bons Pères une marque de sympathie, dont ils sont si dignes, il nous montre encore le Curé de la Cathédrale ne négligeant rien pour accomplir le consolant ministère d'un père, voulant offrir à ceux qui souffrent de délicates consolations.

Parlerons-nous maintenant des autres œuvres auxquelles fut mêlé ou que dirigea le Curé de la Cathédrale? Ferons-nous remarquer la place qu'il occupa dans les procès ouverts pour la béatification de Michel le Nobletz ou pour la reconnaissance du culte de saint Jean Discalcéat ? Oui, parce que la scrupuleuse exactitude, le soin qu'il mit à accomplir les devoirs qui lui étaient imposés, et dont il comprenait l'importance, nous font encore voir en lui l'homme surnaturel, toujours conduit par les vues les plus profondes de la foi, et aussi parce que ces travaux, en même temps qu'ils resteront pour leurs auteurs dans les âges futurs, un titre à la reconnaissance du diocèse, sont encore une des meilleures espérances que l'entrée ne tarde pas dans la Sion céleste. Il fait bon, pour paraître devant Dieu, d'avoir aimé les Saints, et d'avoir travaillé à procurer la gloire de ceux de son pays.

†

Dirons-nous encore comment toutes les œuvres de bienfaisance le rencontrèrent avec son dévouement, ses aumônes, ses sages conseils et ses encouragements, et reçurent de lui une puissante impulsion ?

Nous avons eu occasion de dire comment le Curé de la Cathédrale savait arriver au milieu de ses paroissiens avec un mot heureux et plein d'à propos. Ce fut surtout dans les réunions d'œuvres de ce genre, que son cœur et son bon sens lui inspirèrent des allocutions pleines de charme, et toujours en rapport avec la circonstance ou la condition des personnes avec lesquelles il se trouvait. Il ne nous en coûte nullement de l'avouer : sa parole n'était pas la parole enflammée de la grande éloquence. Bien qu'ici, comme pour toute chose, l'Archiprêtre apportât un soin délicat et scrupuleux à la préparation de ce qu'il devait dire, son langage était le plus souvent simple, et sans aucune recherche.

Il savait pourtant s'animer au besoin, témoin, ce dernier discours, à la Cathédrale, que nous mentionnons à dessein, dans lequel il réclamait avec véhémence le droit pour l'ouvrier de jouir du repos du dimanche. On sentait que tout son cœur était dans cette parole : « Oui, j'aime l'ouvrier, et c'est pour cela que je réclame pour lui le repos du dimanche. Je le veux pour son âme, je le veux pour son corps. » Mais, je le répète, ce fut surtout dans les causeries, par lesquelles il animait les différentes œuvres, qu'il a été remarquable.

Ses exhortations, ses conseils, ses encouragements, donnés généralement d'un ton de voix peu élevé, posément, sans éclat ni recherche, eurent là une incomparable autorité. Chaque mot portait coup. Ce qu'il disait était ce qu'il fallait dire, et c'était dit comme il fallait le dire, une vraie parole d'apôtre et de père, saisissant admirablement le joint, et produisant le plus grand bien et le meilleur effet.

Essaierons-nous de parler de la direction éclairée et prudente de ses conseils aux âmes qui s'adressaient à lui ! Nous avons entendu des éloges abondants sur ce point, nous les tairons. Mais que de mères de famille surtout, et des plus sérieuses dans l'accomplissement de leurs difficiles devoirs, lui doivent de les avoir compris.

Avons-nous besoin de parler du soin des malades : visites discrètes et assidues, temps absolument réservé pour ce point important du ministère, scrupules anxieux pour que le mourant ne perdît aucune grâce, voilà ce que nous aurions à rappeler pour chaque jour de sa vie.

Quelques lignes que nous recevons d'une personne qui l'a particulièrement connu, nous paraissent caractériser son ministère.

M. de Penfentenyo, nous dit-on, avait appris de son ancien Curé, comment on administre une paroisse, comment on forme et on conserve l'âme des enfants et des adolescents, comment on cultive les vocations ecclésiastiques, comment on entretient la piété dans les âmes ferventes, comment on donne de la splendeur à la maison de Dieu, comment on organise des cérémonies et des fêtes qui impressionnent.

Tout cela, et plus encore, M. de Penfentenyo l'a fait

8

à Saint-Mathieu de Quimper et à Saint-Corentin. Si nous avons pu le citer comme modèle de bon prêtre, c'est encore parce qu'il a donné l'exemple du véritable zèle sacerdotal, qui sait être sage avec sobriété : *Sapere ad sobrietatem*, mais dont la discrétion et la sobriété n'empêchent pas les élans.

***

Il est un autre trait de caractère chez cet excellent prêtre, que nous nous reprocherions grandement de ne pas mettre en lumière : la bonté et la condescendance. Chez lui, jamais de rigueur sous prétexte de justice. C'est bien de lui qu'il faut dire qu'il n'a jamais achevé le roseau à demi brisé, éteint la mèche qui fumait encore. Il préféra toujours pécher par excès de bonté, peut-être se voir taxé de faiblesse, plutôt que de se laisser aller à des appréciations sévères. Il fallait l'évidence, — et quelle évidence ! — pour qu'il consentît à se rendre, et reconnaître les fautes.

Dans la situation élevée où il fut pendant bien des années, tous les faibles et les malheureux eurent en lui un ami et un défenseur.

Qu'il nous soit permis de rappeler ici un trait qui le peint tout entier. Un jour, le Curé se présentait devant Mgr Nouvel ; il voulait obtenir, pour un prêtre, vis-à-vis duquel l'Évêque avait cru devoir être sévère, la condescendance du père. Il l'obtint en effet. Mais l'excellent Prélat lui adressa cette parole : « Mon cher Curé, vous êtes toujours le défenseur des mauvaises causes. » Et le Curé de répondre avec un bon et fin sourire : « Oh ! Monseigneur, ce sont celles-là qui ont besoin de défenseurs. »

Rendre hommage au Curé de la Cathédrale sur ce point, dire ce titre qu'il possède à la reconnaissance, titre d'autant plus touchant que, trop souvent, une sévérité impitoyable est disposée à poursuivre le malheur ou la faiblesse, c'est tout simplement rendre hommage à la vérité et à la sainteté du prêtre.

Car, M. de Penfentenyo ne fut tel dans tout le cours de sa carrière sacerdotale que parce qu'il fut un saint prêtre, dans toute l'acception du mot.

Ces paroles : *modèle du prêtre, prêtre saint, préoccupé de sa sanctification pour parvenir à obtenir celle de ses frères*, ces paroles, sont souvent revenues sous notre plume. Il ne pouvait pas en être autrement.

Cette sanctification personnelle fut en effet, chez lui, une préoccupation constante.

A diverses reprises, nous trouvons dans ses notes des paroles comme celles-ci : « Je m'occupe de mes « paroissiens, mais m'occupé-je assez de ma sancti- « fication ? Je dois me souvenir que je fais plus pour « mes Frères en me sanctifiant moi-même que par « les œuvres de zèle. »

Cette sanctification, M. de Penfentenyo sut la maintenir en lui, par cette vie réglée dont nous avons parlé.

Pour la développer, il prend constamment les efficaces moyens de l'oraison et de la mortification. On l'a vu, au séminaire, prendre à ce sujet de graves résolutions.

Il a profondément senti ce que doivent être dans la vie d'un prêtre ces deux choses, sans lesquelles il ne peut y avoir ni sainteté réelle, ni zèle vraiment efficace. Aux derniers jours de sa vie, il se retrouve aussi plein d'ardeur sur ces points qu'aux premiers jours de son sacerdoce.

Ce fut, et peut-être avant toute chose, un prêtre d'oraison et un homme mortifié. « Ce qui me permettra d'accomplir, comme je le dois, la mission qui m'incombe, c'est l'oraison. Il faut que je m'applique à l'oraison. J'y dois donner encore plus de soin. » Telles sont les paroles qui reviennent à chaque instant, sous sa plume. Il a vraiment l'esprit de prière, et cet esprit sait lui faire prendre tous les moyens pour y vaquer d'une manière qui réponde, comme il convient à un prêtre à l'*oportet semper orare* de l'Evangile.

Quant à sa mortification, elle fut tout à fait remarquable. On voyait autour de lui avec quelle énergie il traitait la nature, comment avec une volonté indomptable il savait lui refuser ce qu'elle eut voulu exiger de l'amour de ses aises. C'est une loi qu'il s'était faite, qu'il se rappelle constamment à lui-même, et qu'il sait constamment observer. Sa douceur, son amabilité, sa condescendance, et bien d'autres choses encore, n'étaient pas précisément, comme nous l'avons fait remarquer, l'effet de la nature, mais bien le fruit de l'énergie chrétienne secondée par la grâce.

Mais par dessus tout il emploie, avec une rigoureuse exactitude, à laquelle on ne saurait trop donner d'éloges, le moyen le plus sûr de sanctification chrétienne : la retraite. Il sait que si ces pieux exercices ont une immense importance pour le salut des fidèles, c'est là surtout que le prêtre doit aller chercher l'aliment divin de sa sanctification.

Non seulement il assiste, tous les deux ans, à la retraite pastorale, où il est pour tous un sujet d'édification ; mais, toutes les secondes années, on le voit se retirer pendant quelques jours dans la solitude et le silence, pour ne songer qu'aux intérêts de son âme.

C'est tantôt à Lourdes, à la Grande-Chartreuse, au Mont Saint-Michel, chez les Trappistes de Thymadeuc ou de La Meilleraye, qu'il se retire pour faire sa retraite. Il aime à profiter de cette occasion pour faire un pèlerinage à ces sanctuaires vénérés. Mais c'est surtout chez les Pères Jésuites, à Saint-Joseph, qu'il revient le plus souvent.

Nous aimerions à reproduire les douces effusions de son âme, dans ces conversations intimes avec Notre-Seigneur, dans le recueillement de la retraite. Les impressions qu'il ressentit, exprimées chaque fois dans son cahier de notes, nous montrent assez quelle sollicitude il mettait à profiter de la grâce, le soin qu'il apporte à s'examiner lui-même, et aussi les douces jouissances que lui procurent ses entretiens avec le Maître bien aimé.

Ce serait un sujet de profonde édification, pour les prêtres surtout, que de décrire ces choses. Mais il est déjà temps de terminer cette notice, et les secrets sont ici peut-être par trop intimes. Nous craindrions qu'ils ne nous aient pas été communiqués pour que nous les dévoilions. Il est du reste des secrets qui doivent demeurer entre les âmes et Dieu, et des choses particulièrement belles et touchantes, mais sur lesquelles la discrétion et le respect des âmes obligent à jeter un voile.

C'est par là que nous avons appris comment,

effrayé des responsabilités qu'il encourait, craignant de ne pas assez bien faire, le Curé voulut, à deux reprises, qu'on le déchargeât de son fardeau, et comment aussi, à la voix de son Évêque, reconnaissant la volonté de Dieu, il voulut continuer à l'accomplir sans faiblesse et sans découragement.

Nous n'en dirons pas davantage. La seule chose que nous relevions encore, c'est la préoccupation constante de la mort, des jugements de Dieu et de l'Éternité.... « J'avance en âge, mes jours sont probablement comptés, écrit-il... Qu'ai-je fait pour mon Éternité... »

Nous n'insisterons donc point. Aussi bien les nombreuses citations que nous avons faites ont dû suffisamment faire pressentir ce que nous nous trouvons obligés de taire.

Un tel homme était prêt à paraître devant Dieu. Depuis longtemps déjà, ses affaires temporelles étaient réglées comme elles devaient l'être. Nous n'avons pas à en parler ici. Nous ne mentionnerons même pas les largesses et générosités pieuses qui sont consignées dans son testament. Qu'on lui en conserve, dans le silence, une pieuse reconnaissance. Il était de ceux qui connaissent la parole de la Sainte-Écriture : la main gauche doit ignorer ce que donne la droite. Mais cela fut l'occasion d'une admirable page, où se révèlent les sentiments de ce cœur d'ami, de père, de chrétien, de prêtre et d'apôtre. Nous la produisons sans aucun commentaire :

« Je meurs dans le sein de l'Église catholique, « apostolique et romaine, que j'ai tendrement aimée « toute ma vie. Je condamne tout ce qu'elle con- « damne, j'approuve tout ce qu'elle approuve.

« Merci à Dieu pour les grâces nombreuses dont « il m'a comblé, et plus particulièrement merci pour « ma vocation au sacerdoce.

« Merci à mon père et à ma mère de l'éducation « chrétienne qu'ils m'ont procurée.

« Merci à mes frères et sœurs de leurs bons exem- « ples.

« Merci à mes condisciples du collège et du sémi- « naire : leur piété m'a montré la voie à suivre.

« Merci à mes anciens confrères de Saint-Sauveur « de Brest : le souvenir, la vie exemplaire de mon « vénérable curé, M. Quéinnec, a été pour nous tous « une excellente leçon.

« Merci à mes vicaires, anciens ou nouveaux de « Saint-Mathieu et de Saint-Corentin, pour l'aide

« qu'ils ont prêtée à mon ministère et le dévouement
« qu'ils ont eu pour ma pauvre personne.

« Merci aux âmes pieuses et charitables de la ville
« de Quimper. Elles ont bien voulu m'accorder le
« concours de leurs prières et de leur bourse dans
« toutes mes œuvres. Dieu les en récompensera.

« Merci à Mgr Nouvel pour toutes ses bontés,
« pour sa bienveillance extraordinaire envers le
« Curé de la cathédrale.

« Humblement prosterné au pied de la Croix de
« Jésus crucifié, comptant sur le secours de Marie
« Immaculée, refuge des pécheurs, de saint Alphonse,
« mon patron, de saint Corentin et de saint François
« d'Assise, je demande pardon au Souverain Juge
« de mes iniquités, de mes faiblesses, de mes immor-
« tifications, de mon manque de zèle à son service.

« Mes frères, sœurs, neveux, nièces et autres
« membres de ma famille voudront bien oublier les
« peines que j'ai pu leur causer : je les ai tous aimés,
« affectionnés, et n'ai qu'un désir, voir l'union la plus
« intime régner entre eux. Et il en sera ainsi, si tous
« restent attachés à leurs devoirs de chrétiens et de
« chrétiennes.

« Mes vicaires pardonneront à leur recteur et curé
« les peines, les ennuis, les fatigues, les tracasseries
« que son caractère, son apathie, sa négligence ont
« pu leur causer.

« Je demande pardon à mes paroissiens de Saint-« Corentin et de Saint-Mathieu, à mes pénitents, des « peines que j'ai pu leur occasionner par mes brus-« queries, ma froideur, mon indifférence plus appa-« rente que réelle. Ma vie leur appartenant, j'en fais « volontiers pour eux le sacrifice.

« Oui, mon Dieu, pour le salut des pécheurs, pour « les âmes des enfants exposés à se perdre, j'accepte « toutes les croix, douleurs, souffrances de la vie et « de ma dernière maladie.

« Je les ai toujours beaucoup aimés sur cette terre, « et ils ont été l'objet constant de mes pensées : je « promets de ne pas les oublier, une fois au ciel.... »

Encore une fois, un tel homme était prêt à paraître devant Dieu. La mort pouvait le saisir à l'improviste, venir subite et foudroyante : elle ne pouvait le surprendre. Tout ce qu'elle pouvait faire, c'était de le prendre dans l'accomplissement même de sa tâche, de le saisir sur la brèche, dans l'exercice du devoir, lui réservant la gloire des soldats frappés au champ de bataille et qui meurent à l'honneur.

C'est ce qu'elle a fait.

Rien ne faisait prévoir qu'elle allait arriver, le

26 Juillet dernier, jour de la fête de sainte Anne. La veille de ce jour, l'Archiprêtre, gai et bien portant, après avoir célébré la sainte messe, accompli ses travaux ordinaires, allait présider la distribution des prix aux élèves de l'école Sainte-Anne. Avec une bonté toute paternelle, il adressait là une charmante allocution basée sur cette double pensée : que les parents chrétiens doivent s'inspirer de l'exemple de sainte Anne confiant Marie au Temple pour qu'elle y reçut une éducation religieuse, et que les enfants doivent imiter Marie profitant de la pieuse éducation qui leur est départie.

Le jour même de sa mort, le Curé retourna à l'école Sainte - Anne, pour la distribution des prix à une autre catégorie d'enfants. Puis, le soir, au moment de rentrer chez lui, il se souvint qu'un prêtre malade, son pénitent, avait besoin de ses consolations et de ses conseils : il voulut aller les lui porter. Il revint plein de gaîté, et vers 9 heures, il monta dans sa chambre. — La mort l'y attendait.

Le lendemain, vers 8 heures, comme il n'arrivait pas pour célébrer la sainte messe à la Cathédrale, on alla le chercher chez lui. La mort avait saisi le Curé dans son premier sommeil. Au dire des médecins, une congestion pulmonaire du côté gauche l'avait emporté au commencement de la nuit. On le trouva couché sur ce côté, la main fortement pressée sur le cœur.

Il portait sur la poitrine, avec sa médaille et ses scapulaires de la Sainte-Vierge, le scapulaire du Tiers-Ordre de Saint-François, dont il était l'enfant.

Près de son lit, était ouverte l'Imitation de Notre-Seigneur Jésus-Christ, dans laquelle, la veille au soir, il avait dû faire sa dernière lecture.

Le signet marquait encore la dernière pensée dans laquelle il avait dû s'endormir. C'était au chapitre 23e du Ier Livre, et la marque était fixée sur ces paroles :

« Quand vous êtes au matin, pensez que vous « n'irez peut-être pas jusqu'au soir, et quand vous « êtes au soir, ne vous flattez pas de voir le matin. « Soyez donc toujours prêt et vivez de telle sorte « que la mort ne puisse pas vous prendre au dé- « pourvu. Plusieurs meurent d'une mort subite et « imprévue, car le Fils de Dieu viendra à l'heure « qu'on n'y pense pas. »

C'est dans cette pensée qu'il s'était endormi, pour ne plus se réveiller ici-bas.

✝

On sait l'impression que produisit la nouvelle de sa mort dans la ville de Quimper, et le deuil qui en résulta pour tout le diocèse. Il est plus qu'inutile de se livrer ici à des réflexions qui seraient superflues.

Le surlendemain une foule profondément attristée,

mais pleine des saintes espérances que donne la foi, remplissait la Cathédrale et avec plus de cent cinquante prêtres, conduisait à sa dernière demeure la dépouille mortelle de son pasteur vénéré.

Ses restes reposent dans le cimetière Saint-Louis, tout près de la chapelle de ce patron de la France, et non loin du Noviciat des Frères des écoles chrétiennes, dans le cimetière le moins éloigné de l'agglomération quimpéroise.

C'est là que ceux qu'il a édifiés pendant sa vie, que ceux qui l'ont aimé, que ceux qui l'ont connu et vénéré, ou qui ont ressenti les effets de son dévouement, de sa bonté ou de son zèle, pourront aller déposer sur sa tombe, non pas des fleurs et des couronnes, — cet hommage qui se ressent trop du paganisme, n'agréerait point à son âme sacerdotale, — mais le pieux tribut de leurs prières et l'hommage de leur reconnaissance.

Pour nous, en terminant ce travail, tout ému, avouons-le, devant cette belle vie de prêtre, que nous n'avons reproduite que dans le but de perpétuer l'édification qu'il donna pendant sa vie, nous ne savons que reprendre les paroles qui servent d'épigraphe à à cette modeste notice : Bienheureux les morts qui meurent dans le Seigneur, leurs œuvres les suivront : *Beati mortui qui in Domino moriuntur.*

Oui, il est mort dans le Seigneur, parce que toujours

il vécut dans le Seigneur. Ses œuvres l'ont suivi parce qu'elles ne furent pas de ces œuvres de la terre, qui ne donnent qu'un triomphe éphémère se brisant au tombeau. Elles l'ont suivi, parce qu'elles furent des œuvres du Ciel, surnaturellement accomplies, pour la gloire de son Maître. C'est pour cela qu'ils les a emportées par delà la tombe jusqu'aux pieds de son Souverain Juge.

Mais ses œuvres lui survivront.

Ce sera l'un de ceux dont la vie, les actes, le ministère sacerdotal, auront porté le fruit véritable dont parle l'Écriture : *Ut fructus vester maneat !* Il a passé en faisant le bien, et le bien qu'il a fait demeurera. Sa famille bénira sa mémoire avec le religieux respect qui poursuit les âmes saintes ; ses amis auront le sentiment de l'édification qu'il a laissée, les peuples qu'il a évangélisés lui garderont une perpétuelle gratitude. Il a été le juste dont, non seulement la perpétuelle jeunesse se renouvellera devant Dieu au sein de l'éternité, mais dont encore le souvenir demeurera sur terre.

Tous lui rendront un juste hommage d'affection et de respect, et parmi les hommes, nulle voix ne s'élèvera pour blâmer sa mémoire : *In memoria æterna erit justus, ab auditione mala non timebit.*

A. M. D G.

2 6

www.ingramcontent.com/pod-product-compliance
Ingram Content Group UK Ltd.
Pitfield, Milton Keynes, MK11 3LW, UK
UKHW020226220726
13923UKWH00002B/544